JULES DUVAL

CHEF DE BATAILLON DU GÉNIE
BREVETÉ D'ÉTAT-MAJOR

Vers Sadowa

ÉTUDE STRATÉGIQUE

AVEC 2 CARTES HORS TEXTE ET 5 CROQUIS

BERGER-LEVRAULT & Cie, ÉDITEURS

PARIS	NANCY
5, Rue des Beaux-Arts, 5	18, Rue des Glacis, 18

1907

Vers Sadowa

DU MÊME AUTEUR

La Cavalerie allemande dans sa marche sur Rezonville
(Chapelot, éditeur).

Un Désastre prussien. — Causerie tactique sur le combat de
Trautenau, *2ª édition* (Lavauzelle, éditeur).

Emploi tactique d'un réseau d'infanterie (*Revue du Génie,*
mai et septembre 1905).

Fascinages métalliques instantanés (*Revue du Génie,* mars
1906).

**Défense offensive et reconnaissance d'état-major de la po-
sition de Magny-Fouchard.** — Causerie sur la tactique de
la fortification de campagne (Berger-Levrault et Cⁱᵉ, éditeurs,
1905).

Napoléon, Bülow et Bernadotte. — Offensives contre Berlin,
1813 (Lavauzelle, éditeur, 1906).

JULES DUVAL

CHEF DE BATAILLON DU GÉNIE
BREVETÉ D'ÉTAT-MAJOR

Vers Sadowa

ÉTUDE STRATÉGIQUE

AVEC 2 CARTES HORS TEXTE ET 5 CROQUIS

BERGER-LEVRAULT & Cie, ÉDITEURS

PARIS	NANCY
5, Rue des Beaux-Arts, 5	18, Rue des Glacis, 18

1907

INTRODUCTION

Benedek, avant de livrer la bataille décisive, se demande dans une lettre touchante d'adieux à sa femme :

« Comment et pourquoi l'armée, dont tous les corps
« ont montré le plus grand courage jusqu'à la mort,
« est-elle arrivée à cette situation désespérée ? »

Tel sera le thème de cette étude, ou plutôt de cette causerie : Comment et pourquoi ?

Admirateur réservé du commandement qui triompha des Benedeks, des Bazaines et de nos tant de fois si glorieux mobiles, espérons rester impartial, comme hier lorsque nous couvrions de fleurs le général de Bülow, héros de Gross-Beeren et Dennewitz ([1]).

Impossible cependant de découvrir d'insurmontables difficultés à mettre hors de combat Benedek, Bazaine, Bourbaki, et de nier que ces généraux furent autre chose qu'ennemis figurés ou plastrons inoffensifs : constatation qui auréole d'un reflet d'espérance nos destinées.

----

1. *Napoléon, Bülow et Bernadotte. Offensives contre Berlin, 1813.*

*

Tout le monde connaît la situation initiale des opérations de 1866 : armées prussiennes sur un immense front derrière les montagnes du nord de Bohême, invasion en deux lignes d'opérations : Ire armée (et armée de l'Elbe) par Reichenberg et la Saxe ; IIe par les défilés faisant face à Nachod—Trautenau ; rendez-vous : Gitschin ; — armée autrichienne, dont la couverture borde l'Iser, rassemblée entre Olmütz et Austerlitz, puis en train de se concentrer autour de Brünn—Olmütz, et partant pour aller occuper une position vers Josephstadt. Là, indécisions de Benedek, qui laisse échapper l'occasion de faire une manœuvre par lignes intérieures, voulant marcher tantôt contre la Ire armée, tantôt contre la IIe, et qui finalement, après s'être fait battre en détail, subit le désastre de Sadowa.

La situation politique et l'organisation des armées ont été trop souvent exposées pour qu'on ait à les rappeler ici, mais on débutera par un coup d'œil sur les chefs qui dirigèrent les masses prussiennes et austro-saxonnes.

Pour éclairer les opérations que nous allons suivre de près, reportons leur théâtre vers notre frontière du nord-est, afin que l'ensemble se dessine sur des localités et distances familières.

Thème

Les Vosges (Riesen-Gebirge), fortifiées, sont im-

*praticables aux armées entre Belfort et Épinal, sauf
le chemin du col de Bussang (Lieban—Trautenau).*

PARTI NORD

*Deux armées s'étendent de Luxembourg à Bâle
(Halle à Neisse).*

*La Ire envahit sans coup férir le territoire ennemi
entre Épinal et Toul, un détachement par Commercy
(trouée de Reichenberg et Saxe).*

*La IIe pénètre par la région de Porrentruy (pays
de Glatz), avec un corps détaché par Bussang (Liebau).*

Le « Gitschin » fixé est Bourbonne-les-Bains.

PARTI SUD

*L'armée, rassemblée entre Lons-le-Saunier et Lyon
(Brünn à Austerlitz) et en train de se concentrer au
sud de la bifurcation de Mouchard (nœud de Trübau), se met en marche vers Vesoul (Josephstadt).*

*Elle a une couverture de deux corps sur la ligne
des Faucilles (Iser).*

*Arrivée à Vesoul, au lieu de se porter contre la
IIe armée, elle oppose une couverture à Villersexel
(Nachod) et marche contre la Ire, qui, après avoir
bousculé les troupes des Faucilles, a atteint Bour-
bonne.*

Ce thème, calqué sur celui de 1866, montre bien :
*1° Les dangers que court le parti Nord, scindé en
deux masses distinctes et séparées ;*

2° L'éloignement défectueux du parti Sud ;

3° La faute lourde du manque de couverture sur la Moselle (débouché des monts de l'Iser et de Lusace).

Qu'on se figure, manœuvrant sur la ligne intérieure, le Napoléon de 1796 et 1814 !

Benedek suffisait même à écraser les armées prussiennes : il fallait seulement qu'arrivé à Josephstadt, il tirât au sort sa nouvelle direction : droite ou gauche, et poussât à fond dans le sens indiqué par le hasard, suivant en somme le conseil du maître : « Il ne faut ni tâtonner, ni hésiter. »

La solution risquée de Moltke a produit toutefois un dénouement magistral : l'événement napoléonien amené par l'entrée en scène d'une armée entière, mode de décision de la bataille qui se retrouvera peut-être à l'avenir, selon le major Kuhl :

« De tous les cas (de décision produite par une ré-
« serve débordante) le plus favorable sera celui où,
« comme à Sadowa, l'enveloppement aura été obtenu
« par la marche concentrique de fractions d'armée
« séparées ([1]). »

En constatant combien faible l'exécution, défectueuse comme la conversion vers la Moselle, loin de nous l'idée de critiquer outre mesure l'audace d'une manœuvre, où l'impétuosité de l'offensive révéla l'irré-

---

1. Citation donnée dans la 1re livraison, janvier 1907, de la *Revue militaire générale* (sous la direction de M. le général *Langlois*).

sistible, l'implacable volonté de vaincre. Napoléon
a dit :

« La volonté de vaincre à tout prix est la première
« qualité du général en chef. »

Cette volonté, cette qualité, Moltke l'eut au suprême
degré : il a vaincu; Benedek, Bazaine, ne l'ayant pas,
ont succombé.

L'unité de doctrine est enfin acquise dans notre armée nationale, douée de cet élan offensif que dépeint
ainsi von der Goltz :

« Quand les armées allemandes se déployèrent sur
« le Rhin, on n'aurait pu trouver un seul général qui
« ne fût décidé de lui-même à se porter en avant contre
« l'adversaire. Tel était notre sentiment à tous : nous
« l'avions respiré avec l'air de nos écoles militaires. »

Retenons donc, en guise de morale du drame austro-prussien, la devise laconique de Moltke :

« Peser puis oser »,

et la formule, de belle envolée, qu'écrivit Blumenthal :

« Qui veut de grandes choses, doit beaucoup oser ! »

Citations de :

Bernardhi, *Bertaux*, Blumenthal, Boguslawski, *Bonnal*, Caprivi, Dœring, *Dragomirow, Foch,* Fritz Hœnig, Hohenlohe, Kameke, Kirchbach, Kühne, *Langlois*, Lettow-Vorbeck, *Lockroy*, Militär-Wochenblatt, Moltke, *O'Connor Morris, Œsterreichische Zeitschrift, Picquart*, Relations officielles, Schlichting, Schrœter, Steinmetz, Verdy, Voigt-Rhetz, *Reinhold Wagner,* Wartensleben, *Wersebe, Severo Zanelli.*

NOTA. — Autrichiens, français, anglais, russes, italiens en *italiques*

Cartes

N° 1. — Théâtre des opérations.
N° 2. — Bataille de Sadowa.

Croquis

Fig. 1. — Prussiens. — Débarquements.
Fig. 2. — Prussiens. — Emplacements fixés par l'ordre du 30 mai.
Fig. 3. — Prussiens. — Emplacements fixés par l'ordre du 10 juin.
Fig. 4. — Corps autrichiens le 28 soir.
Fig. 5. — Région au sud de Braunau—Trautenau.

PREMIÈRE PARTIE

BENEDEK

LES PRINCES PRUSSIENS

I

BENEDEK ET SON ÉTAT-MAJOR

Le général Benedek se trouvait, à l'âge de soixante-deux ans, à la tête de l'armée d'Italie, lorsque, le 21 avril, l'Empereur l'appela au commandement de l'armée du Nord, que dut quitter l'archiduc Albert, envoyé dans la péninsule.

Cette permutation, peu indiquée, entre le « héros de Solférino », familiarisé avec le théâtre d'opérations du Sud, et le futur vainqueur de Custozza, allait être fatale à l'Autriche.

Effrayé d'assumer pareille responsabilité, il refusa, puis dut céder devant l'insistance de l'Empereur.

Benedek était aimé des soldats, qu'il se plaisait à haranguer, chacun en sa langue, mais non des officiers, à cause de son origine hongroise et de ses allocutions aussi embrouillées que paradoxales.

Comment le jugeait-on à Berlin ? *Une fiche* annexée à l'ordre de bataille présumé des Autrichiens portait :

« Soldat heureux, courageux, même téméraire.

« *Ni chef d'armée, ni stratégiste ;* a besoin d'être
« puissamment aidé pour diriger une armée. »

On avait cette conviction au Grand état-major :

« De lui ne seront pas à craindre de savantes ma-
« nœuvres. »

En prenant son commandement, Benedek se révèle « vieille culotte de peau » (¹), inondant l'armée
d'instructions (quarante en un mois), où, à côté de
conseils tactiques, se trouvent des mesquineries de
ce genre :

« Recommandé aux officiers d'être rasés de frais
« autant que possible. Je ne souffrirai ni barbe, ni
« bottes de fantaisie ; surtout pas d'infractions à l'or-
« donnance. »

Il n'avait pas plus foi en lui-même qu'au succès
des armes autrichiennes, considérant la guerre avec
la Prusse comme dangereuse et redoutant le fusil
à aiguille.

En résumé, le choix de l'Empereur ne paraissait
pas heureux. Il restait à l'Autriche une chance de
succès : Benedek allait-il s'entourer d'officiers compétents ?

---

1. *Ein arger Gamaschenheld.*

Comme chef d'état-major « paradait » le feld-
maréchal-lieutenant *Henikstein,* choisi par Benedek.

Issu d'une riche famille de banquiers viennois, il
avait été, après un avancement rapide, nommé en
1863 quartier-maître général, à l'étonnement de tous.

Cet homme, « plus spirituel que capable », em-
boîta le pas derrière son sous-chef, le général-major
Krismanic, croate de naissance, « souple et finaud,
très confiant en lui-même, avec un caractère tran-
chant ».

Pendant qu'on entendait gronder le canon de
Nachod et de Trautenau, le colonel du génie Pidol,
venant de déjeuner avec Krismanic, dit qu'il allait
tracer des tranchées et batteries en arrière de Skalitz et lui proposa de l'accompagner, pour détermi-
ner ensemble les meilleurs emplacements. Réponse,
au moins maladroite, devant les autres convives :

« Je vais faire quelque chose de plus intelligent :
« je vais dormir. »

Tel était le sous-chef d'état-major, dont Benedek
devait demander le remplacement la veille de Sadowa.

Nous avons peu de renseignements sur les commandants de corps d'armée autrichiens. Voici ce-

pendant l'appréciation typique du prince Holenlohe
, sur celui du 1er corps, *Clam Gallas* :

« Grand seigneur, ayant de la distinction *et sur-*
« *tout peu de savoir,* s'occupe des choses militaires
« comme d'autres de sport, sans sérieux, suivant son
« bon plaisir. »

On a vu ([1]) et l'on verra ([2]) à l'œuvre le commandant du 10e corps, *Gablenz,* qu'on appelait à Vienne
« le magnifique brave ».

Le corps saxon avait à sa tête le prince *Albert de
Saxe,* pour lequel la campagne de Bohême fut une
bonne école, car il devait montrer de brillantes qualités en 1870.

Le général baron *Edelsheim* commandait la 1re division de cavalerie légère. Il s'était distingué comme
colonel de hussards aux charges de Magenta et
Solférino, et l'on avait grande confiance en lui dans
l'armée autrichienne.

____

1. *Un Désastre prussien* (Trautenau). 2e édition (Lavauzelle, éditeur).
2. *La Garde prussienne au combat de Soor* (sous presse).

II

FRÉDÉRIC-CHARLES

Né en 1828, il fut nommé à dix ans, suivant la
tradition, sous-lieutenant au 1er régiment de la
Garde et suivit jusqu'à dix-huit les cours de l'université de Bonn, avec Roon, qui écrivait à la princesse de Prusse :

« Tout son amour est pour le service de guerre,
« il donne toute son âme à son régiment. »

Il était, dans la campagne des duchés de l'Elbe,
capitaine à l'état-major de Wrangel.

L'année suivante, à la tête d'un escadron de hussards, il reçut plusieurs blessures en chargeant un
détachement de fantassins badois.

Il se consacra ensuite entièrement au service et à
son instruction militaire, prenant part à de fréquents
voyages de cadres du Grand état-major, sous la direction de Reyher, puis de Moltke, qui porta sur
lui ce jugement, exempt d'admiration enthousiaste :

« Le prince a pour ces exercices une vraie pas-
« sion, qui fait grand honneur à son intelligence.
« Ses travaux sont cotés : très bien. C'est lui, je

« crois, qui rétablira un jour l'ancienne gloire des
« armes prussiennes, mais il choque les officiers par
« ses mœurs sévères et ses manières rudes. »

Frédéric-Charles prit les commandements suivants, toujours dans la Garde : régiment de dragons,
1ʳᵉ brigade de cavalerie, 1ʳᵉ division, 2ᵉ division,
dernière mutation résultant de difficultés avec ses
officiers.

Cela n'allant pas mieux à la 2ᵉ division, il reçut
un long congé pour voyager.

A son retour (1859), on lui donna le commandement de la 3ᵉ division à Stettin.

Ayant suivi attentivement les événements de la
guerre d'Italie, il étudie l'adversaire futur et publie
un mémoire sous le pseudonyme transparent P. F. C.
Le chapitre *Manière de combattre des Français* offre
un intérêt particulier :

« Leur tactique consiste simplement en ceci : le
« soldat français marche toujours en avant ! en
« avant !!

« Ils font varier la formation suivant le but, le
« terrain, la situation et les fautes de l'ennemi.

« Mérite une attention particulière leur attaque
« impétueuse, qui, une fois commencée, ne s'arrête
« pas longtemps pour tirer, mais se produit avec
« continuité jusqu'à l'abordage, souvent au pas de
« course. »

Il remarque combien sont développées chez nos soldats les aptitudes intellectuelles et insiste sur le rôle des forces morales :

« En France, on leur attribue plus d'importance
« qu'aux forces physiques. Toute l'éducation du
« soldat français est basée sur la culture du senti-
« ment individuel (¹). »

Au sujet du tir d'infanterie, nous trouvons cette constatation :

« Le feu n'est pas un moyen de décision, mais de
« préparation ; il ne doit pas durer trop longtemps.
« On ne remporte la victoire qu'en gagnant du ter-
« rain. Généralement la décision réside dans l'attaque
« à la baïonnette de portions compactes suivant les
« tirailleurs. »

Et il conclut :

« Les Français ont déjà vaincu les Russes et les
« Autrichiens ; ils sont supérieurs, même morale-
« ment, aux Anglais. Les Prussiens les vaincront
« s'ils savent se détacher de la routine. Que le cri
« *En avant* de l'armée française soit étouffé par le
« nôtre. »

---

1. Le prince *Hohenlohe* devait dire plus tard (*Lettres sur l'Infanterie*) : « En campagne le soldat français est le premier du monde. »

En 1870, les Allemands ont suivi le conseil de faire de l'offensive à outrance, et le cri *En avant* n'a plus été poussé par nous...

Le prince prit, bientôt après, le commandement du IIIe corps, « sur lequel se tournèrent alors les yeux de toute l'armée ». On y entend parler de discipline du feu, de combat de préparation, on préconise l'offensive :

« Commencer la bataille comme Wellington, la « finir comme Blücher ! »

La campagne de Danemark donne l'occasion d'expérimenter l'instrument que la Prusse perfectionne depuis un demi-siècle. Le prince conduit ses troupes à l'assaut des lignes de Düppel et prend ensuite le commandement de l'armée alliée.

Nous le retrouvons en 1866 à la tête de la Ire armée.

Ses collaborateurs sont : *von Voigt-Rhetz,* chef d'état-major, « homme de conceptions géniales et de vues élevées », et *von Stülpnagel,* sous-chef, ancien chef d'état-major du IIIe corps.

Un officier de l'entourage du prince explique ainsi le mode de travail au commandement de l'armée :

« La situation y était peu normale. Voigt-Rhetz

« s'occupait davantage des études extérieures, tandis
« qu'au bureau Stülpnagel élargit son action au delà
« des limites ordinaires de ses fonctions.

« Mes camarades et moi, nous restions tout à fait
« sans orientation, n'étant pas mis au courant des
« opérations, de leurs causes et de leur but. »

Malgré cette critique prussienne, Frédéric-Charles
avait su se constituer un état-major éclairé et com-
pétent.

III

LE PRINCE ROYAL

Frédéric-Guillaume (plus tard Frédéric III), né en 1831, était *Kronprinz* depuis 1861.

A treize ans, on lui donne pour précepteur Ernst Curtius, historien et archéologue, aussi savant qu'artiste, qui l'élève dans le souvenir d'Iéna et de Tilsitt et dans la haine des Français.

En 1848, lorsque éclatèrent à Berlin les journées de mars, jeune élève de l'université de Bonn, il s'attache aux idées libérales.

Capitaine en 1851 (ayant été nommé sous-lieutenant à dix ans suivant la tradition), il commande une compagnie d'infanterie au 1ᵉʳ régiment de la Garde. Après des voyages en Russie et en Italie, il suit les manœuvres autrichiennes, fait des stages dans les autres armes, participe à des exercices de cadres du Grand état-major et fréquente l'Académie de guerre.

Nommé en 1854 colonel au 1ᵉʳ régiment de la Garde, il eut pour conseiller le colonel von Blumenthal.

Moltke, qui devint ensuite son mentor militaire et qui a porté, comme nous avons vu, un jugement

assez élogieux sur Frédéric-Charles, n'a trouvé que
ceci à dire du futur kronprinz :

« C'est un homme vraiment aimable. »

Ils voyagèrent ensemble, puis, lorsqu'on affecta le
prince au régiment d'infanterie de Breslau, Moltke
l'y accompagna.

Il fut nommé commandant de la 1re brigade de la
Garde et épousa en 1858 la princesse Victoria.

Bientôt eut lieu la mobilisation de l'armée, causée
par la guerre d'Italie : le kronprinz prit le commandement de la 1re division de la Garde.

Dans la campagne de 1864, nommé *ad latus* de
Wrangel, il dirige en fait les opérations, ayant comme
chefs d'état-major successifs : Vogel von Falkenstein,
Moltke et Frédéric-Charles.

Mis ensuite à la tête du IIe corps, il s'y fait
aimer du soldat :

« La pipe à la bouche, on le voit accompagner
« les troupes dans les marches, partageant leurs fa-
« tigues, sachant remonter leur moral par des plai-
« santeries. »

De 1864 à 1866, il s'occupe de politique et de
préparation à la guerre.

Commandant de la IIe armée en 1866, il transporte son quartier général à Breslau le 4 juin.

Son chef d'état-major est *Blumenthal*.

Celui-ci, remarquable sur le terrain, a la réputation de battre aux manœuvres tous les généraux qui lui sont opposés.

Né en 1810, il est promu lieutenant en 1844, après avoir suivi les cours de l'Académie de guerre, est appelé au service topographique, fait des stages dans l'artillerie et le génie, entre au Grand état-major en janvier 1849, se voit nommé en mai de la même année chef d'état-major de l'armée du Schleswig-Holstein. Colonel commandant un régiment, puis chef d'état-major d'un corps d'armée, il fit la campagne de 1864 comme chef d'état-major du corps austro-prussien, fut nommé général-major en juin 1864, commanda successivement deux brigades.

On aura constamment dans la suite l'occasion de parler de lui, de faire connaître ses idées, de citer ses propres paroles : ainsi sera mise en relief l'intéressante physionomie de ce distingué collaborateur du Prince royal.

Nous ne ferons que mentionner *le roi Guillaume*, qui a résolu *de mettre par le fer et par le sang la Prusse à la tête de l'Allemagne*. A partir de 1859, il s'occupe d'établir son armée sur un pied formidable et sait trouver des aides et conseillers, tels que *Bismarck, Roon* et *Moltke*.

DEUXIÈME PARTIE

———

MOLTKE

IV

> A la nation *qu'il fallait,*
> au moment *qu'il fallait,*
> l'homme *qu'il fallait :*
> dans une juste querelle
> le dé de Dieu tombe toujours
> du côté *qu'il faut.*

Il semble utile de donner quelque ampleur aux renseignements sur le caractère et la carrière de Moltke. Cette notice est du reste une simple *prenotion*, comme dirait *Bacon*, d'une histoire de sa vie.

Un capitaine, au service de l'Autriche, Frédéric de Moltke, avait épousé une demoiselle d'Olivet, de famille protestante française ; leur neuvième fils, après son mariage avec la fille d'un négociant de Lubeck, acheta un domaine en Mecklembourg-Schwerin, à Parchim, où naquirent leurs enfants, dont Helmuth, le futur maréchal de Prusse, qui vint au monde le 26 octobre 1800.

Ruiné quelques années après, le gentilhomme campagnard entre comme major au service du Danemark.

Il confie d'abord l'instruction de ses trois fils à un pasteur, puis les place dans des établissements de cadets : Wilhelm à Christiania, Fritz et Helmuth à Copenhague.

Ce dernier, après sept ans d'école, reçoit le titre de page du roi et le brevet d'officier danois, puis donne sa démission, passe l'examen d'officier prussien (¹) et rejoint le 8ᵉ régiment d'infanterie, en garnison à Francfort-sur-Oder.

Moltke entre ensuite au concours, en même temps que Roon, Wartensleben et Kameke, à l'Académie de guerre, que dirige Clausewitz.

Son ardeur au travail ébranle sa santé délicate et dans l'été 1825 il va jouir d'un congé aux eaux de Salzbrunn.

Tandis qu'il y remarque une jeune fille « belle et bien élevée, qui mériterait d'être sa femme, mais n'a malheureusement pas de fortune », on le voit convoiter avec admiration de riches Polonaises, ajoutant :

« En ce moment, j'ai vins et voitures sans bourse « délier, car le père de mon ami Wartensleben m'a « pris en grande affection : chaque jour, un élégant « équipage me conduit aux villages et châteaux des « environs. »

Ayant lié connaissance avec une dame âgée, la

---

1. Blücher, aussi né à Parchim, avait quitté le service de la Suède.

comtesse Obrocziewska, « qui a amené son cuisinier et fait fort bien manger dans de la vaisselle d'argent », il accepte l'invitation de visiter son domaine en Pologne : « J'entreprends ce voyage avec 13 thalers ! » écrit-il à sa mère.

De retour enfin à ses cours, il semble les avoir terminés sans y briller ; Kameke dit en effet de lui :

« Insociable, peu abordable, vivant isolé, passant
« pour fier, Moltke *ne se fait pas remarquer.* »

V

Possesseur du brevet d'état-major, le jeune officier rejoint son régiment, où il trouve le temps de composer des nouvelles et poésies, d'ailleurs sans valeur.

C'est *la dernière année de sa carrière qu'il passera dans la troupe !*

Toujours fatigué, il se fait nommer directeur de la *Kriegsschule* de Francfort-sur-Oder et pendant les vacances se rend aux bains de mer, puis en Danemark et Holstein.

Le général Müffling l'appelle alors au Bureau topographique.

Moltke, exécutant des levés en Haute-Silésie, séjourne plus d'un mois dans un château :

« J'y suis traité comme l'enfant de la maison ; « aussi mes finances sont maintenant à flot. »

A Schweidnitz il visite l'ami Wartensleben, qui vient de se marier, de là fait une fugue aux eaux de Salzbrunn et, ne pouvant y rester longtemps, absorbe quinze *grands verres* (¹) par jour.

Chargé de deux feuilles de la carte, il accepte

---

1. Soit cinq litres.

l'hospitalité offerte au château de Belle-brise, où il
s'installe dix semaines :

« J'aurais voulu y rester dix ans ! Mon hôte et sa
« belle compagne, dont la tournure indique une
« dame de haut rang, se montrent pour moi aussi
« bons et gracieux qu'une stricte étiquette le per-
« met.

« Les jeunes femmes furent d'abord glaciales,
« mais nous commençons à faire connaissance.
« Quelle bonne fortune *pour un pauvre diable tour-*
« *menté par le manque d'argent, le service, l'obéis-*
« *sance, les supérieurs,* de jouir d'une situation qui
« fait disparaître tous les petits désagréments de
« l'existence. »

De retour à Berlin, il trouve chez lui un gâteau
d'ananas, accompagnant un objet oublié à Belle-
brise, attention qui lui inspire cette réflexion :

« Pour mon budget, le séjour fut profitable. »

Le jeune officier se montre assidu au théâtre, suit
des conférences sur Gœthe, l'histoire contempo-
raine, la littérature française, prend des leçons d'anglais, de russe, d'équitation et de danse.

Après un travail de 8 heures du matin à 2 heures
au Bureau, il va déjeuner, mais « quelle différence
avec les repas de Belle-brise, s'écrie-t-il ; que le vin
de Hongrie me manque ! »

L'été suivant, ses levés le conduisent — par hasard — chez la comtesse Obrocziewska, où il reçoit
encore le plus charmant accueil, ce qui ne l'empê-
che pas d'écrire, au château même de la noble dame,
cette appréciation sur les Polonais :

« Ces gens-là sont faux, légers et fanfarons. Ne
« s'avisent-ils pas de nous traiter, nous autres Prus-
« siens, de maîtres-pédants et d'hypocrites. »

L'année 1830 Moltke fait partie d'un voyage d'état-major et rédige un mémoire sur sa visite du champ de bataille de Kulm.

Suivant attentivement les événements politiques, il envisage ainsi la situation :

« *La Prusse seule possède une armée pourvue de* « *tout le matériel nécessaire jusque dans les moindres* « *détails :* notre roi peut faire *une guerre offensive'* et « tient aujourd'hui dans sa main le sort de l'Eu- « rope. »

Sont publiées à cette époque deux brochures : *Belgique-Hollande* et *État de la Pologne,* dont la vente ne répond pas à son espérance, mais qui attirent sur lui l'attention. Agé de trente-deux ans, il semblait avoir peu d'avenir, lorsqu'il fut détaché au *Grand état-major,* titularisé l'année suivante et promu lieutenant.

Son temps se passe ainsi :

« Le matin j'étudie les événements du Thürin- « ger-Wald. Avant midi je m'occupe des affaires « du Bureau. A midi il faut produire (*produzieren*) « son cheval à la promenade. Après déjeuner je fais

« parfois la sieste, puis me livre à l'étude des finan-
« ces nationales, bien que les miennes m'occupent
« déjà assez. Le soir apparaît le perruquier (*der*
« *Friseur*), qui donne à ma chevelure la forme la plus
« gracieuse ; à 8 heures je vais au bal, où je reste
« seulement tant que je trouve d'agréables engage-
« ments ; puis, avant de dormir, je traduis quelques
« pages de Gibbon. »

Kameke nous apprend qu'il se livre aussi souvent
de jour à ce travail ingrat :

« Nous faisons la partie d'échecs ; quand j'entre
« dans sa chambre, je le trouve en train de traduire
« de l'anglais l'*Histoire de la décadence de l'empire*
« *romain* (¹). »

Ce « travail d'Hercule » terminé, le libraire n'est
plus en mesure de l'éditer ; un procès s'engage et
le lieutenant reçoit pour solde de tout compte
150 thalers, au lieu des 500 convenus.

En août il fait dans la région d'Erfurt un voyage
d'état-major de deux mois, auquel met fin prématurément une chute de cheval ; après la guérison il se
rend dans la Haute-Italie.

Nous le retrouvons à *Copenhague, chez son père
devenu général ;* il remplit auprès du *gouvernement*

---

1. *Gibbon's decline and fall.*

danois une mission de faveur. Ce n'est pas sans étonnement qu'on le voit remettre, à son retour, au Grand état-major prussien un mémoire : *Forces du Danemark sur terre et sur mer*. Récompense : félicitations du roi et promotion au grade de capitaine.

La belle saison est activement employée : *reconnaissance* en Lusace, *voyage de cadres* au pied de l'Eulen-Gebirge, *grandes manœuvres royales* à Liegnitz, séjour *au camp de Kalisch*.

Le Grand état-major *travaille* sans bruit, se prépare à la guerre : *nous ne sommes qu'en 1835 !*

Arrive alors l'événement capital de la carrière de Moltke : son congé de six mois pour la Turquie.

Après avoir visité Vienne, il descend le Danube sur un vapeur jusqu'à Bucarest, gagne en traîneau Roustchouk et passe à cheval les Balkans.

A Constantinople, l'ambassadeur de Prusse le présente au chef de l'armée ottomane ; la conversation roule sur le *Kriegsspiel ;* le pacha, ravi d'apprendre que l'officier prussien peut lui montrer ce jeu, le fait revenir : devant plusieurs généraux Moltke improvise un thème qui donne lieu à un combat au débouché d'un défilé. Quelques jours après, tandis qu'il monte à bord d'un bateau à destination de Smyrne, lui est remise l'invitation de rester à Constantinople pour y enseigner le *Kriegsspiel.*

Le sultan, voulant réorganiser son armée, avait demandé des instructeurs à la Prusse ; comme cette résolution excite la jalousie des puissances, on se borne à prolonger de trois mois le congé de Moltke, qui visite les places et côtes, la Bulgarie, la Roumélie, et rédige des mémoires militaires.

Cependant une mission prussienne arrive en août 1837, comprenant les capitaines von Vincke et Fischer, de l'état-major, von Mühlbach, du génie (Lane,

de l'artillerie, rejoindra plus tard avec dix sous-offi-
ciers de cette arme). Elle se met en route, chargée
d'étudier la défense des Balkans, du Danube et des
côtes.

Le sultan, se décidant à opérer en Asie Mineure,
ordonne à Moltke et Mühlbach de se rendre à Kar-
put pour servir d'*ad latus* à Hafis-pacha, commandant l'armée du Taurus.

Moltke fait d'abord des reconnaissances; de Rum
Kalech (*Romanum castellum*), il écrit avec enthou-
siasme :

« Là passèrent Cyrus, Alexandre, Xénophon, Cé-
« sar et Julien ! »

Le sultan renforce Hafis ainsi que le corps de
Konia commandé par Hadji Ali, qui a Fischer pour
adjoint, et établit une armée de seconde ligne à
Angora, sous Izzet-pacha, ayant Vincke comme conseiller.

VIII

Hafis porte à Biredschick, sur l'Euphrate, son
camp que Mühlbach fortifie, et y attend les renforts, lorsque le sultan lui envoie l'ordre de fournir
le prétexte d'une déclaration de guerre.

Moltke et Mühlbach cherchent à éloigner la rupture, ne voulant pas commencer la lutte avant la
concentration des armées du Taurus, de Konia,
d'Angora, de la brigade Osman-pacha, qui est à
Césarée, et d'une réserve d'artillerie de quarante
pièces, venant de Constantinople.

L'armée de Konia arrive, mais le passage du
Taurus lui a coûté 6 000 hommes, morts, malades
ou déserteurs, et les attelages sont ruinés.

La concentration devient douteuse, Izzet ne tenant pas à se mettre sous les ordres d'Hafis, et
Hadji Ali ne pouvant être tiré de son indolence
depuis que Fischer, malade, l'a quitté pour rega-
gner la Prusse.

Hafis, conformément à ses instructions, occupe
Nisib avec une forte avant-garde, y faisant fortifier
par Mühlbach une position pour l'armée, qu'il y
appelle bientôt.

Le général en chef égyptien, *Ibrahim-pacha,* dispose de 35 000 hommes, dont 5 000 cavaliers, avec
162 pièces. Son chef d'état-major, *un français,* qui

a pris le nom de *Soliman-pacha,* s'est montré remarquable organisateur en Égypte.

Le pseudo-prussien Moltke va se mesurer avec le français Soliman et se faire écraser par lui !

L'armée égyptienne s'avance et, le 20 juin, campe au bord du Kersuntschaï. Bien que les Turcs se soient portés sur leurs emplacements de combat, il n'y a pas d'engagement dans cette journée. Le lendemain les deux partis s'observant encore, Soliman se décide à tourner la position turque par une marche de flanc.

Le 22 matin, la grande distance entre l'avant-garde et le gros des Égyptiens favorisait une attaque immédiate, mais on reste *indécis.* Le moment opportun passé, Moltke émet l'avis de se retirer immédiatement sur Biredschik, la position débordée de Nisib étant sans valeur, mais Hafis refuse, les prêtres déclarant la retraite honteuse. Les officiers prussiens se retirent alors sous leur tente.

L'avant-garde de l'armée égyptienne passant enfin le ravin, Hafis ordonne un changement de front en arrière pour faire face et rappelle ses conseillers : Moltke envoie sa démission, que n'accepte pas le général turc, déclarant qu'on ne peut l'abandonner en un pareil moment.

Le mouvement prescrit s'exécute dans la nuit.

A la première clarté du jour, les bivouacs de Soliman apparaissent sur la rive gauche du Kersuntschaï.

Mühlbach propose de surprendre l'ennemi par une brusque attaque au point du jour, après une marche de nuit. Moltke se prononce contre ce plan et fait adopter une demi-mesure ou solution boiteuse : canonner l'ennemi la nuit sans engager l'infanterie.

Au clair de lune, Lane dirige douze pièces sur un emplacement choisi; un feu brûle encore au milieu du camp égyptien et permet de pointer. Le canon tonne et provoque une panique passagère, les pertes étant faibles. L'artillerie de Soliman riposte et ses obus aveuglent la batterie turque, incendiant le gazon devant elle.

Le jour se lève : le coup est manqué !

Dans la bagarre 2 000 Égyptiens ont pris la fuite; la solution proposée par Mühlbach eût donc obtenu vraisemblablement un succès complet et Hafis exprima dans la suite *ses regrets d'avoir suivi le conseil de Moltke,* dont *M. Lockroy* devait plus tard *condamner la pusillanimité et le peu de confiance* en ses soldats :

« L'armée turque ne se composait-elle pas de « Turcs? de Turcs de Plewna ! »

Le 29 juin a lieu la bataille décisive.

Bien curieuse se présente la situation, car Soliman se bat *avec un front retourné,* comme trente ans plus tard Moltke à Saint-Privat.

Celui-ci a résumé ainsi la bataille :

« Il n'y eut pas véritablement attaque, ni enve-
« loppement d'aile, *rien de l'art,* mais une très vive
« canonnade qui ébranla nos troupes, de façon que
« la brigade Heyder-pacha d'abord, puis la cavalerie,
« *enfin tout prit la fuite.* »

Le lieutenant-colonel *Rheinhold Wagner,* citant ce compte rendu, l'a trouvé « inexact et surprenant » : Soliman produisit en réalité « une forte pression » sur la brigade Heyder-pacha, à l'aile gauche. Il y eut donc manœuvre et idée tactique.

Moltke, Mühlbach et Lane perdent bagages et chevaux ; en cette débâcle, séparés d'Hafis, ils fuient vers l'armée d'Izzet.

La France arrête le vainqueur : elle interdit à Ibrahim le passage du Taurus !

Izzet, qui est à Césarée avec Vincke, apprenant le désastre, marche au sud ; Moltke et ses camarades le rejoignent, mais ne pouvant s'entendre avec lui, rejoignent Hafis vers Malatia, puis gagnent Constantinople, où ils trouvent l'ordre de rentrer en Prusse.

Le pacha vaincu, bien qu'attribuant ce malheur à Moltke, se comporte dignement vis-à-vis de ses auxiliaires, car il leur remet des lettres d'éloges.

Une fièvre bilieuse permet à notre héros de soigner trois mois sa convalescence à Vienne, puis de séjourner à Munich, Augsbourg, Nuremberg : il arrive enfin à Berlin vers la fin de l'année.

Il est nommé en avril 1840 à l'état-major du IV⁰ corps d'armée, dont le siège était alors à Berlin.

Toujours pour se remettre de ses accès de fièvre, il se rend aux eaux en Thuringe, va admirer la chute du Rhin, parcourt la Suisse, visite Gênes et Naples.

De retour à Berlin, il publie ses *Lettres de Turquie :* le livre se vend peu et n'aura les honneurs de la traduction qu'en 1872 (en français).

X

Au mois de mai, Moltke devient le fiancé d'une demoiselle Burt, dont la famille, habitant Itzehoe, en Holstein, était liée avec sa mère, qu'il a perdue pendant son séjour en Orient.

Il écrit à la jeune fille avec une curieuse sentimentalité :

« Douce Marie, si le soir après neuf heures tu
« regardes vers le sud, tu verras *une belle étoile* mon-
« ter au-dessus de l'horizon, celle que ma pauvre
« mère admirait souvent. Je ne la vois jamais sans
« penser à elle et je crois que c'est ma bonne
« étoile. »

Autre lettre, rêveuse et tendre :

« *La lune* brille devant ma fenêtre ; tu l'aperçois
« certainement toi aussi. Est-ce donc un miroir ? J'y
« vois tes traits chéris, tes yeux couleur de noyer et
« le coin de ta bouche souriante ! Tout près scin-
« tille *la belle étoile* dont je t'ai parlé. Souvent dans
« les lointaines steppes d'Asie, après une chaude
« journée, à la nuit, elle sortait du crépuscule avec
« sa clarté australe, brillait si doucement qu'elle
« semblait dire : Va, console-toi, oublie les soucis ;

« tu trouveras un cœur pour t'aimer ! Je l'ai trouvé,
« chère Marie. »

Dans cette correspondance il n'oublie pas les affaires : le comité de la ligne Berlin-Hambourg lui offrant
de le nommer membre de la direction, il accepte
cette fonction « avantageuse », et place sur ce chemin de fer 10 000 thalers (52 000 fr.), ses économies
de Turquie.

La situation ne lui plaît pas longtemps :

« Les affaires de cette administration demandent
« un travail déraisonnable en raison de ce qu'elles
« rapportent. »

Une station aux eaux de Kissingen ne rétablit pas
sa santé ; il se rend aux bains de mer à Héligoland,
séjourne en Hanovre, puis à Gœttingen, point de
départ d'un voyage de reconnaissance dans le Harz ;
on le retrouve enfin aux manœuvres de Saxe.

Il déploie alors une grande activité littéraire, publiant : *la Question de la frontière du Rhin,* — *Allemagne et Palestine,* — *les Kourdes,* et traduit des
poésies anglaises.

Dans la première de ces études, on lit :

« Lorsque l'Allemagne et la France liquideront
« leurs comptes, tout le *Doit* sera du côté de celle-ci,
« tout l'*Avoir* du nôtre. Nous exigerons ce qu'on

« nous arracha iniquement ; si l'on part du droit his-
« torique, ce qu'elle a gagné nous a été volé : ainsi
« *toute la Bourgogne, toute la Lorraine sont notre*
« *antique propriété,* arrachée injustement, et *nous*
« *devrons réclamer ces régions* plus encore que la
« frontière de la langue allemande.

« Si l'on se place au point de vue des nationa-
« lités, prenant la langue pour limite naturelle des
« peuples, *tout le Rhin nous appartient avec ses deux*
« *rives,* car dans son bassin on parle allemand depuis
« quatorze siècles.

« Il en est de même en droit positif. Nous devons
« nous coaliser avec la ferme décision de *ne plus re-*
« *mettre le glaive au fourreau avant que la France*
« *ait payé sa dette !* »

Le mariage étant retardé, la fiancée reçoit de longues lettres, remplies de bons conseils; nous y glanons :

« Tu vas entrer très jeune dans un cercle nouveau, « mais ton grand bon sens et tes sentiments excel- « lents t'apprendront bientôt le juste tact à avoir « dans les relations avec les hommes.

« Je verrai volontiers qu'on te fait la cour, et n'ai « pas de préjugés contre un peu de coquetterie. Plus « tu seras liante envers tous, moins on pourra dire « que tu distingues quelqu'un.

« J'espère te voir *sweet tempered :* l'égalité d'hu- « meur est un devoir. »

Le 20 avril est célébré le mariage à Itzevohe; par une délicatesse gracieuse, le ministre informe Moltke ce jour même de sa promotion au grade supérieur.

« Mme la majoresse » accompagne à Berlin son mari, qui lui raconte « combien le succès des armes prussiennes est préparé par un sérieux et infatigable travail. »

Elle le suit dans ses promenades, montant le che-

val de la déroute de Nisib, et Moltke, heureux, écrit
à son frère :

« Impossible de n'être pas d'accord avec Marie :
« elle est *perfectly tempered.* »

La carte de Constantinople et du Bosphore paraît
alors, ainsi que l'étude : *Choix du tracé des voies
ferrées.*

Il accompagne son commandant de corps d'armée
en Mecklembourg, va aux manœuvres de Thuringe
et termine son *Histoire de la campagne turco-russe
de 1828-1829,* se plaignant qu'un ouvrage militaire
rapporte de pauvres honoraires. Ce traité est froid
et incolore : Moltke, qui manque d'imagination, n'a
pas su donner un charme de poésie militaire aux dra-
mes qui abondent dans ses récits, tels que le passage
du Danube et des Balkans.

Inspections et manœuvres le conduisent souvent
en Thuringe et dans le Harz; la beauté des sites
et châteaux éveille des idées de calme et de retraite :

« Avoir une motte de terre, être mon maître!...
« Je ne serai content que lorsque ce désir sera réa-
« lisé. »

Il apprend avec plaisir que par décision royale ses
deux années de Syrie seront décomptées doubles et

reçoit aux grandes manœuvres de 1844 la décoration de l'Aigle rouge, avec permission de porter le sabre d'honneur que lui a envoyé le sultan.

L'année suivante, après avoir publié sa carte d'Asie Mineure, il va aux bains de mer à Copenhague, aux eaux d'Ems, puis visite la vallée du Rhin.

XII

Moltke, envoyé à Rome comme aide de camp du
prince Henri de Prusse, part en touriste avec sa
femme et un de ses frères, fonctionnaire danois. A
Leipsick, ses chevaux sont débarqués et attelés à une
voiture d'occasion; la petite famille visite ainsi Nuremberg, Augsbourg, Munich, Inspruck, passe le
Brenner, vend l'attelage à Vérone et arrive à Rome
en malle-poste.

Comme le service de Moltke consiste simplement
à s'asseoir une heure par jour au chevet du prince et
à causer de Paris et de Berlin, il donne carrière à sa
passion habituelle en levant les environs de la ville
sainte. Grandes sont ses joies de topographe, mais,
l'été venu, apparaît le revers de la médaille :

« C'est charmant jusqu'au moment où le disque
« rayonnant du soleil atteint le sommet de la mon-
« tagne des Sabines. Après avoir cheminé sur les col-
« lines couvertes de brousse, à travers ravins boisés
« et rochers, l'aide, dont les forces ne sont pas,
« comme les miennes, surexcitées par un vif intérêt,
« maudit *il brutto suo mestiere*. Son pas traînant ré-
« vèle neuf heures de travail, passées inaperçues.
« Tandis que le soleil darde ses rayons embrasés,
« pas une fontaine pour apaiser la soif ardente. Je

« prends en ligne droite le chemin du retour par un
« plateau où paissent des bœufs. Curieusement ces
« géants aux reflets argentés lèvent la tête, les cor-
« nes menaçantes : tout à coup le troupeau se pré-
« cipite, faisant trembler le sol. Par bonheur, il
« s'arrête court à l'aspect d'un parapluie vivement
« ouvert. »

Après avoir maudit chiens et serpents, sa terreur,
il ajoute :

« On rentre, vêtements déchirés, pieds meurtris,
« affamé, épuisé, mais on a découvert un tumulus,
« une inscription, un fût de colonne ou un morceau
« de lave qui ne figurent ni sur les plans ni dans le
« guide, et, triomphant, on emporte ce butin ! »

Sa femme l'accompagne quelquefois sur le terrain et bientôt la planchette n'a plus de secret pour
elle.

Quand l'ardeur de la saison l'oblige à suspendre
le travail extérieur, il prépare une Notice descrip-
tive :

« Les localités sont les os fossiles qui permettent
« de restituer le squelette des faits historiques, elles
« apparaissent comme les restes survivants des évé-
« nements passés. »

Nous dirions aujourd'hui : des événements vécus.

Le prince meurt et Moltke a l'ordre d'accompagner
le corps sur une corvette de guerre de Civita-Vecchia
à Hambourg.

En attendant ce navire, il presse le travail qu'il
faudra bientôt abandonner et, en plein été, lève l'intérieur de la ville sainte.

La corvette arrive enfin et appareille, emportant,
avec le cercueil, notre héros, qui souffre atroce-
ment du mal de mer, pense qu'il va mourir et décide
le commandant à mouiller à Gibraltar pour l'y dé-
barquer !

Oubliant bientôt les maux de la veille, le blâme
prochain, le pauvre prince, la corvette et même sa
femme inquiète (¹), il entame un ravissant voyage en
Espagne.

A Cadix, il consent à mettre le pied sur un bateau,
mais seulement pour remonter le Guadalquivir jusqu'à Séville, puis visite l'Andalousie, Cordoue, Ma-
drid, les provinces basques, les Landes, « où l'on se
croirait en Brandebourg », Bordeaux, Tours, Paris,
Cologne. Enfin à Hambourg il apprend avec sou-
lagement que la corvette n'est pas encore arrivée.

---

1. Un souvenir contribue à affoler Mme de Moltke, que fait trembler chaque bourrasque. La voyant pleurer quelque temps avant le
départ, il lui a dit gracieusement : « A qui pleure sans raison
Dieu envoie une cause de larmes. »

Moltke est alors nommé à l'état-major du
VIIIe corps à Coblence, où il se plaît beaucoup. A la
belle saison, le voilà de nouveau avec sa planchette
dans les montagnes.

Fort sensible aux avantages matériels qui s'ajou-
tent à ses distractions topographiques, il écrit :

« Je touche ici les appointements d'un comman-
« dant de régiment. »

Cependant il renouvelle son désir de se retirer :

« Ma plus grande ambition serait d'être chef
« d'état-major d'un corps d'armée, mais je serais
« obligé de changer de résidence ; aussi, ne voulant
« pas arriver plus haut, je quitterai alors le ser-
« vice. »

Les événements de 1848 viennent troubler sa
quiétude : peut-il en effet assister sans émotion à
l'insurrection en Schleswig-Holstein, son pays natal,
celui de sa femme, où l'un de ses frères occupe une
position officielle?
La révolution, qui bat son plein dans Paris, ayant

son contre-coup à Berlin, Moltke envoie sa femme à
Ems :

« Là elle sera en sûreté *jusqu'à ce que nous ayons*
« *la guerre avec la France, ce qui ne peut man-*
« *quer.* »

Sa nomination au Grand état-major, comme chef
de section, ne le réconcilie pas avec l'armée. A l'un
de ses frères, il écrit :

« Je préférerais la vie privée la plus modeste;
« *si nous n'avons pas bientôt la guerre, je m'en irai.*
« Je caresse toujours mon rêve favori de nous réu-
« nir dans une propriété, où chacun apporterait ses
« forces et son capital. Je pencherais à m'établir sur
« le cher sol allemand, mais si les affaires y tour-
« nent mal, je n'ai pas de parti pris contre l'Amé-
« rique.
« Je dois d'ailleurs m'avouer que je me sens *inca-*
« *pable de déployer une activité supérieure* à celle qui
« a suffi jusqu'à présent. »

Un autre moyen se présente bientôt pour fuir le
service du roi de Prusse : le gouvernement de Schleswig-Holstein songe à lui offrir un commandement ou
les fonctions de chef d'état-major de l'armée; sa
femme, toujours dans son pays, intrigue pour obtenir cette désignation.

Le gouvernement prussien met fin aux pourparlers en le nommant chef d'état-major du IVe corps à Magdebourg.

Il s'empresse d'aller aux eaux, trouvant cette ville insupportable; l'hiver venu, comme « on y gèle physiquement autant que moralement », il va se reposer en Holstein.

On le rappelle à son poste en raison de la tension politique (janvier 1850) :

« A l'aurore d'une nouvelle année, personne ne
« peut savoir ce que nous réserve le printemps. L'Au-
« triche fait stationner une forte armée à notre fron-
« tière, tandis qu'elle nous comble d'assurances ami-
« cales. »

Puis la situation se modifie :

« Il est acquis que personne ne pense à la guerre,
« si haut que sonne le langage du cabinet de Vienne;
« des soucis plus sérieux nous viennent de la Rus-
« sie, mais la vraie boîte de Pandore *reste encore la
« belle France !* De là peut venir une attaque de vo-
« leur à main armée (*Raubanfall*), qui malheureuse-
« ment trouverait des *sympathies dans l'Allemagne
« du Sud.* La Bavière arme sans qu'on sache pour-
« quoi... »

La Prusse fait la paix avec le Danemark, et les

Holsteinois, commandés par Willisen, sont battus à
Idstedt. Moltke, qui a suivi avec gêne ces événements, va oublier ses soucis aux eaux, puis à Coblence, Metz, Paris, Trouville. On le rappelle alors
brusquement à Magdebourg, la situation vis-à-vis
de l'Autriche devenant très tendue :

« La paix de l'Europe ne dépend plus seulement
« des conférences, mais de la conduite d'une pa-
« trouille de hussards : un coup de feu de carabine
« peut atteindre le *baril de poudre de l'Allemagne*
« et faire sauter en l'air toutes les subtilités poli-
« tiques ! (*sic*) »

XIV

Cette alerte de 1850 constitue un événement capital, parce qu'elle révèle à la Prusse les imperfections de sa mobilisation :

« Nous avons ici beaucoup de choses à mettre en
« ordre, car cette opération, déjà si compliquée, se
« trouve embrouillée à l'infini par la *multitude des*
« *mouvements d'isolés, les corps de troupe étant jetés*
« *comme des dés* sur toutes les provinces. »

L'armée entière se mobilise (novembre) et le quartier général du IVe corps se transporte à Mersebourg ; puis tout s'arrange, ce qui désespère Moltke ; mais il a pris goût aux études d'organisation et pense que bien des modifications s'imposent :

« La mobilisation s'est accomplie partout dans
« des conditions très difficiles ; à mon corps d'armée
« on ne trouvait pas un homme d'infanterie ou de
« cavalerie dans le district du corps, nous manquions
« d'intendants, de médecins-chefs, d'officiers d'état-
« major. Les instructions sur la mobilisation, illu-
« soires, devaient être remplacées par des disposi-
« tions de détail, à créer de toutes pièces. La
« cavalerie de landwehr, création nouvelle à mettre

« en vie à la mobilisation, n'a ni *adjudantur,* ni
« comptables, ni règlements. Que dire de la land-
« wehr de la Garde du deuxième ban, nouvellement
« inventée ? »

Nommé lieutenant-colonel, notre héros se fait
peindre à l'huile, en pied, un yatagan au côté, avec
toute la barbe, ce qui indique « qu'il ne veut pas
démobiliser ». Il proteste encore l'année suivante :

« L'humiliation de la Prusse est trop grande pour
« que cela dure. »

En 1852 on le retrouve, promu colonel, dans une
station thermale, puis à Berlin, où il présente au roi
sa carte des environs de Rome, tandis qu'il songe à
faire un plan de Jérusalem.

Il suit en même temps de près les affaires d'O-
rient et combat l'idée d'une alliance russe. Son
patriotisme de danois est maintenant bien éteint,
comme le révèle cette appréciation :

« Au milieu d'un conflit général, l'affaire du Dane-
« mark serait mise sur le tapis et tranchée ; *le dédain*
« *arrogant de ce petit voisin* ne peut durer ! »

A la fin de l'été de 1854, on charge Moltke de la
direction d'une manœuvre de cadres du Grand état-
major. Le voilà lancé dans la voie qu'il va suivre

brillamment et qui fera de lui le chef d'école de plusieurs générations d'officiers d'état-major.

La mission paraît le surprendre :

« J'ai beaucoup de besogne ; tout doit s'exécuter
« en peu de temps, car, tant que je ne suis pas prêt,
« les autres officiers ne peuvent commencer. Puis
« viennent les rapports qu'il faut parcourir tous pour
« faire la critique. Personne ne peut m'aider ; je dois
« d'ailleurs voir le terrain moi-même. Il y a aussi de
« longues conférences et discussions avec le chef
« d'état-major général, sans parler d'interminables
« dîners, de sorte que je dois travailler la nuit. Je
« suis quelque peu débordé, mais c'est intéressant et
« même émouvant. »

La politique l'occupe toujours :

« On peut rêver d'une alliance entre la Prusse,
« l'Autriche et la Confédération dans le but d'assu-
« rer la paix ou d'entrer brillamment en scène, *soit*
« *contre l'Est, soit contre l'Ouest.* »

La tactique et la politique lui laissent cependant
le temps de publier un mémoire sur la carte de l'Asie
Mineure et une dissertation : *Taurus, Tigre, Euphrate, Mésopotamie, Kurdistan,* tandis qu'il pense
toujours à quitter le service :

« Je doute qu'on me porte cette fois pour l'avan-

« cement. Si je dois monter en grade dans la suite,
« le commandement d'une brigade est absolument
« nécessaire : malheureusement je me trouve depuis
« très longtemps *étranger au service courant* et l'on
« s'y refait difficilement... Ayant peut-être atteint
« tout ce dont je suis capable, je compte me re-
« tirer. »

En mettant de côté la campagne de Syrie et la
préparation des milices turques, Moltke vit éloigné
des troupes depuis trente ans. Il est alors nommé
aide de camp de Frédéric-Guillaume; il visite avec
lui la province de Prusse, participe à un voyage
d'état-major dans le Harz, puis, après avoir accompagné en Écosse le prince et la princesse de Prusse,
rentre à Berlin par la Belgique.

Sur sa vie vagabonde à cette époque les renseignements manquent, mais, au printemps 1856, on
le retrouve à Aix avec son prince, puis à Ostende;
il séjourne enfin à Portsmouth, Woolwich et Lon-
dres, où il raconte cette anecdote :

« Je découvre dans une librairie une traduction
« de mon histoire de la guerre turco-russe de 1828-
« 1829 et, lisant curieusement la préface, j'apprends
« que l'auteur est un certain major de Moltke, *who
« now is dead!* »

XV

Au mois de juillet, Moltke se rend en Russie pour
le couronnement de l'empereur Alexandre II, visite
Cronstadt, Pétersbourg, Moscou et emporte de Russie « une mauvaise impression », puis se rend à
Calais, y retrouvant Frédéric-Guillaume qu'il accompagne à Paris.

Le prince Napoléon conduit le kronprinz de la
gare du Nord auprès de l'Empereur, qui vient à sa
rencontre sur le grand escalier des Tuileries.

Moltke étudie ses hôtes :

« Une certaine immobilité des traits de Napo-
« léon III et *son regard éteint* m'ont étonné.

« L'impératrice Eugénie, belle, ravissante, est une
« merveilleuse apparition : cou et bras d'une beauté
« extraordinaire; tournure svelte, toilette recherchée,
« mais sobre. Elle parle beaucoup et avec vivacité. »

Il est curieux de rappeler d'autre part les obser-
vations de celle-ci :

« Un général qui s'appelle Moltke, ou quelque
« chose d'approchant, accompagne le prince : ce
« monsieur, peu parleur, n'est rien moins qu'un rê-
« veur; toujours intéressant, il surprend par les

« remarques les plus justes. C'est une race impo-
« sante que les Allemands ; Louis l'appelle la race
« de l'avenir. Bah ! »

Après avoir visité Versailles et Fontainebleau,
Moltke regagne la Prusse, notant, au passage de
Saverne, cette plainte sur son carnet :

« Quel dommage que ces gens, qui parlent alle-
« mand, soient de si bons Français ! »

Entraîné dans une série de fêtes, il déplore qu'elles dérangent la préparation des conférences d'histoire qu'il fait à son auguste élève.

Moltke a alors cinquante-sept ans ; à ce moment
von Bernardhi donne de lui ce portrait :

« Discret, silencieux, fermé, *boutonné* (*sic*). »

Il accompagne le prince en Angleterre, à Bade,
aux champs de bataille de Silésie.

Au retour à Berlin, survient la mort du général
von Reyher, chef d'état-major de l'armée. Suivant
le conseil de Manteuffel, chef de la section du personnel, Moltke est « chargé de la direction des
affaires » du Grand état-major.

Il va encore en Angleterre avec le kronprinz pour
la célébration de son mariage et assiste aux ma-
nœuvres des Ve et VIe corps en Silésie, où le prince

de Prusse le nomme, au nom du roi, *chef d'état-major général de l'armée* (18 septembre 1858).

Cette date présente une grande importance historique, car dans les années suivantes, Moltke, comme
organisateur et éducateur, a certainement fait autant
pour le triomphe de la Prusse que pendant les journées d'opérations et de batailles de 1864, 1866 et
1870-71.

XVI

Après la campagne de 1866, le vainqueur de Sadowa, ayant reçu comme récompense une dotation de 750 000 fr., acheta le domaine de Kreisau, près de Schweidnitz.

Le voilà qui élabore des projets de bâtiment, avec dessins et devis, restaure le château, trace des allées, jette des passerelles sur les ruisseaux, étudie le cours des grains et s'occupe d'engrais chimiques.

En même temps, il siège au Reichstag et *prépare la guerre prochaine contre la France*.

En 1868, il a la douleur de perdre sa compagne :

« Notre chère Marie s'est endormie aujourd'hui...
« Je ne désirerais pas qu'elle revînt à la vie : elle l'a
« traversée heureuse; maintenant je n'ai pas à redou-
« ter pour elle la fâcheuse vieillesse. »

Il dessine et lui érige un mausolée.

Bientôt après, nous le voyons absorbé par la rédaction de ses mémoires militaires.

Au moment où « un vent de paix soufflait sur l'Europe », la guerre éclate par l'astucieuse volonté de *Bismarck*.

Il serait banal de rappeler que les premiers combats se livrent à l'insu de Moltke et malgré lui.

Dans la nuit du 6 au 7 août arrivent d'importantes nouvelles : le Prince royal envoie un télégramme sur la bataille de *Wœrth*.

« Le chef de section qui le reçoit s'assied en
« chemise de nuit à une table, où la carte est
« dépliée, et le déchiffre. D'autres officiers viennent
« des chambres voisines dans une tenue analogue,
« puis tout ce monde se dirige vers l'appartement
« de Moltke. Celui-ci saute du lit, regarde aba-
« sourdi ces étranges figures, qu'éclaire une bougie,
« puis, mieux éveillé, écoute les nouvelles. Il n'a pas
« sa perruque et un rayon de lune illumine son
« crâne luisant, qui cache le cerveau, dont la réso-
« lution va décider des destinées de la Germanie[1]. »

Wœrth a réussi, la fortune sourit à la Prusse ;
Moltke dirige le torrent sur la Sarre et la Moselle.

Bazaine se fait *écraser*, ne comprenant pas que sa défense des « lignes de Saint-Privat » est une grande bataille, *désarmer*, ignorant qu'il dispose d'une force qui vit de mouvement et meurt d'inaction, *Mac-Mahon* se laisse enserrer par ordre et rejeter dans le trou de *Sedan*.

Moltke a la chance, a-t-il la gloire napoléonienne ?

La chance, c'est le succès *contre Bazaine, contre*

---

1. D'après Severo ZANELLI.

la stratégie d'une impératrice ; la gloire napoléonienne, c'est Iéna, Austerlitz, Eylau, Friedland!

L'empire de Napoléon III s'effondre. Alors, dans
l'auréole de la République, qui appelle ses enfants
aux armes, apparaît *Gambetta :*

« Un immense espoir le soutient. La capitulation
« de Metz, des revers successifs, au milieu desquels,
« comme quelques rayons du soleil d'hiver, alter-
« nent les beaux faits d'armes des d'Aurelles de Pa-
« ladine, des Chanzy, des Faidherbe, ne font qu'ex-
« citer son ardeur; rien, pas même la capitulation
« de Paris, héroïque et affamé, ne parvient à abat-
« tre son indomptable énergie.

« C'est le moment où ses adversaires l'appellent
« de cette expression, qui apparaît, après tant d'an-
« nées écoulées, comme un hommage : fou furieux.
« *Fou* d'amour pour la France et la République,
« *furieusement* attaché à sa tâche de lutte pour la
« vie et pour l'honneur!(¹) »

Mais Gambetta, qui faillit triompher de Moltke,
n'est pas seulement pour nous un souvenir, il est
encore une espérance :

« Le souvenir de l'homme, qui sut élever le cœur

---

1. Discours de M. *Maurice Berteaux,* ministre de la guerre, aux
Jardies, 8 janvier 1905.

« de tous les Français à la hauteur des malheurs
« qui fondaient sur la patrie, est resté vivace dans
« nos rangs, comme un culte et comme un espoir.

« L'exemple de ce que put faire Gambetta par
« l'unique souffle de sa parole ardente et de sa foi
« patriotique, avec des troupes inexpérimentées et
« manquant souvent de tout, nous montre ce que
« la République est en droit d'attendre de son ar-
« mée reconstituée et instruite, et nous savons au-
« jourd'hui par ce qu'obtint Gambetta quelles iné-
« puisables ressources notre démocratie renferme
« dans son sein (1). »

---

1. Discours de M. *le général Picquart,* ministre de la guerre,
aux Jardies, 8 janvier 1907.

XVII

Nous n'insisterons pas sur l'existence de Moltke
après 1871. On sait qu'il s'occupe encore longtemps
de l'armée, publiant la *Relation* de la guerre franco-
allemande et ses *Thèmes tactiques*.

Les yeux toujours fixés vers la France, contre
cette nation *qui se relève trop vite* de ses malheurs,
il prétend qu'elle ne possédera jamais un Grand état-
major à hauteur de celui qui est son œuvre.

Sa vieillesse s'écoule calme et heureuse à Kreisau,
dans ce beau domaine auquel il rêvait de France,
écrivant dans une de ses lettres datée de Ferrières,
21 septembre 1870, en pensant à *Marie :*

« Que le séjour de Kreisau doit être agréable,
« maintenant que l'automne donne aux feuilles leurs
« teintes rouges et dorées. Les pluies auront été
« favorables aux gazons et plantations ; j'espère *que*
« *la verdure est bien fraîche autour de la cha-*
« *pelle.* »

Quelques mois avant sa mort, en octobre 1890,
il assiste à son apothéose, une fête gigantesque, où
l'empereur François-Joseph apporte ses congratula-
tions...

C'est avec un sentiment ému de mélancolique compassion que nous voyons notre ennemi, rude et implacable, faire à son dernier moment le dernier effort pour tourner la tête vers l'image de celle qu'il a tant aimée et jamais oubliée !

Examinons l'ensemble de l'œuvre militaire du maréchal, nous inspirant des appréciations magistrales de juges impartiaux, deux anglais : *O'Connor Morris* et le général *Hamley*.

La nature doua Moltke d'excellentes qualités d'homme de guerre : intelligence profonde, esprit méthodique, sens pratique, patience et persévérance, mais *lui refusa l'imagination,* base de savants calculs, qui fit briller les combinaisons napoléoniennes d'une splendeur sans pareille. Ayant toujours vécu loin des troupes, *il ignore aussi le don d'attirer les cœurs* et n'eut jamais le prestige de *Condé, Marlborough, Villars, Napoléon.*

De ses facultés et des événements résulta sa vraie vocation : la *préparation de la guerre.*

Ce ne fut pas son génie, mais l'organisation parfaite de la machine militaire prussienne, qui causa les formidables revers de l'Autriche et de la France, combinée du reste avec *une supériorité écrasante des forces,* avec une infériorité technique, matérielle et morale des armées opposées, « constamment mal dirigées ».

Même dans l'organisation, sa spécialité, il n'accomplit aucune merveille comme les dispositions pour la descente en Angleterre, la préparation des campagnes de 1807 et 1812, le passage du Danube en 1809, et il ne fit pas dans cette sphère ardue autant que *Turenne,* qui créa une armée d'aspect moderne, terreur de l'Europe.

XIX

Les conceptions de ses campagnes sont loin de briller par l'originalité : il emprunte au grand Frédéric celle de 1866 (type de manœuvre condamné par Napoléon); le plan d'opérations de 1870 avait été établi longtemps avant : sa méthode d'invasion de la France, en repoussant ses adversaires vers le nord, n'est pas une idée nouvelle.

La stratégie de Moltke en 1866 a été jugée « fausse » par des critiques compétents; en août 1870, le déploiement sur la frontière exposait la Ire armée à une attaque périlleuse; on peut blâmer aussi les préliminaires de *Borny* et dénommer lourdes ses fautes avant *Saint-Privat*, bataille perdue sans la grande supériorité numérique des Allemands et si Bazaine avait été « quelque chose comme un chef ».

Dans la *conversion autour de Metz*, Moltke compromet ses communications, et cela sans beaucoup de certitude de succès.

Le mouvement *contre l'armée de Châlons* l'a rendu à jamais illustre, malgré son tardif : « Tournez au nord », mais ce fut ensuite une grande erreur de *marcher sur Paris :* avec 150 000 hommes, il se jette au cœur de la France, laissant sur ses derrières l'armée du Rhin, investie, mais intacte; la retraite vers l'Allemagne est presque coupée, tandis qu'une grande nation peut se lever en masse contre lui.

Les résultats de cette faute se manifestent bientôt : Moltke se trouve plusieurs mois comme un vaisseau battu par la tempête : les corps d'armée déployés autour de Paris sont longtemps à la merci des événements; ils ne peuvent entreprendre que de faibles mouvements, à peine aptes à retenir l'ennemi; on se voit à tout instant sur le point de lever le siège([1]). Metz tenant quinze jours de plus, l'*armée de la Loire* mieux dirigée, le Grand état-major éprouvait de terribles revers, et s'il réussit finalement, c'est par suite de l'arrivée opportune des renforts enthousiastes de la « croisade allemande ».

La capitale fut inutilement soumise à un cruel bombardement, qui créa des difficultés considérables pour le ravitaillement en munitions et dont on ne devait pas attendre de grands résultats.

Moltke triomphe grâce à son inaltérable patience, mais il aurait pu forcer *plus tôt* la France à céder les provinces, tardivement arrachées, sans risquer les énormes dangers qu'il a courus.

Enfin se produit le mouvement décisif de *Manteuffel contre Bourbaki :* Moltke n'en est pas l'auteur([2]).

---

1. A la nouvelle de notre victoire de *Coulmiers,* on répétait de tous côtés dans les troupes d'investissement que le siège était « une faute gigantesque ». Moltke n'a pas nettement démenti qu'il avait commencé les préparatifs pour le lever (*Times.* Major ADAMS).

2. Pierre LEHAUTCOUR (*Campagne de l'Est*).

Il manqua du reste toujours de dextérité et de
ressources. Ainsi comment n'écrase-t-il pas l'armée
du Rhin après Wœrth et Spickeren, avant qu'elle
atteignît Metz? Et que de fois furent offertes à
Bazaine des occasions qu'un *vrai général* eût ren-
dues désastreuses pour son ennemi, par exemple à
Rezonville, d'où Moltke revenait « sombre et taci-
turne ».

Il ignore la surprise et le stratagème, il ne sait
absolument pas saisir l'instant favorable : ses mouvements sont *rigides et même lents :* jamais il n'aurait pu accomplir des coups de théâtre comme *Ar-
cole, Rivoli, Montmirail!*

XX

Moltke a la constante et fâcheuse habitude *de perdre de vue son ennemi après la victoire*. Avec quelque aplomb il déclare « novices » ceux qui prétendent qu'on doit toujours poursuivre et soutient ainsi un paradoxe qu'a magistralement démenti Napoléon, courant à la suite de *Wurmser* dans les défilés de la Brenta ou harcelant sans trêve ni merci les armées prussiennes après *Iéna*.

Pour juger le mérite de Moltke, considérer aussi qu'il eut habituellement une telle supériorité de forces et trouva comme adversaires des généraux « de si peu de valeur » que le succès pouvait *difficilement* lui échapper; il commit bien des fautes d'exécution et ne tira pas tout le parti possible des forces colossales de l'invasion.

En tous cas, Moltke n'a jamais tenté d'accomplir des exploits tels que les événements *autour de Mantoue*, tels que la manœuvre d'*Ulm* ou la marche avant *Marengo;* aucun de ses actes ne fut aussi brillant que plusieurs faits d'armes de *Gustave-Adolphe* et de *Turenne;* aucune de ses conceptions n'apparaît aussi splendide et hardie que le plan de *Villars* pour descendre sur Vienne, la marche du *prince Eugène* le long du Pô sur Turin, les exploits de *Lee,* le héros du Sud, autour de Richmond.

En stratégic, il ignore la sûreté napoléonienne : couverture et avant-garde générale (¹).

En tactique, il sait reconnaître la puissance actuelle du *feu* et la valeur de l'*offensive*, mais comment décider la vraie place qu'il mérite : il ne commanda jamais en personne une armée sur le champ de bataille, où on le trouva souvent absent. Les trois grandes luttes auxquelles il prit une réelle part : Sadowa, Saint-Privat, Sedan, ne révèlent pas le génie tactique qui resplendit à *Ramillies, Lutzen* et *Austerlitz!*

Si les attaques à *Sadowa,* les meilleures qu'on pouvait exécuter en la situation, furent bien conduites, ce ne sont vraiment pas des modèles; quant à la tactique de *Saint-Privat,* elle laisse à désirer(²), et *Sedan* est « plutôt un massacre! »

----

1. Voir *Conduite de la guerre* (colonel Foch).
2. Voir Fritz Hœnig.

On a cherché le secret des succès de Moltke dans le perfectionnement de la machine et des mécanismes. Certes l'entraînement, la discipline, la préparation constituent des facteurs importants de supériorité, mais la *direction suprême* reste comme autrefois la force dominante qui donne la victoire; l'*art* fait sentir son pouvoir magique et un vrai capitaine gouvernera toujours les événements.

Les deux grandes guerres que Moltke dirigea illuminent cette vérité.

Placez Napoléon sur le trône de *François-Joseph :* il déclare la guerre avant que les Prussiens ne soient prêts et frappe leurs armées séparées.

Donnez à *Turenne* le commandement de Benedek: il détruit l'armée du Prince royal, puis se jette sur celle de Frédéric-Charles.

Ou encore supposez Moltke lui-même en la situation de *Napoléon III :* eût-il fait constamment le jeu de son adversaire?

Wellington, ce grand maître de la défensive, n'aurait pas livré la bataille de Saint-Privat à la manière de Bazaine; on ne peut se l'imaginer prêtant comme Mac-Mahon une oreille complaisante et naïve aux conseils qui perdirent l'armée de Châlons? Il serait revenu sur Paris sans hésiter.

Qu'on songe enfin quelle tournure différente devait prendre la guerre franco-allemande, si, au lieu de Moltke, le *Bonaparte* de 1796 eût exploité l'inertie de Bazaine ou si un *Chanzy* avait pris au début la suprême direction des Français.

La maxime de Napoléon reste toujours vraie : un général est la tête, l'esprit d'une armée :

« Ce ne sont pas les légions romaines qui ont
« conquis les Gaules, mais César. Ce ne sont pas les
« soldats carthaginois qui ont fait trembler Rome,
« mais Annibal. Ce n'est pas la phalange macé-
« donienne qui pénétra jusque dans l'Inde, mais
« Alexandre. Ce n'est pas l'armée française qui at-
« teignit le Weser et l'Inn, mais Turenne. »

Avant de quitter Moltke, rappelons une circonstance qui n'augmente pas sa gloire : aux négociations avec *Wimpffen*, où Bismarck parut modéré et généreux, il se montre « dogmatique, âpre, rude, impitoyable », se moque « de la présomption, de la légèreté » du peuple français et révèle son désir ardent de détruire un adversaire écrasé. L'attitude de Marlborough après Blenheim, les égards de Napoléon pour les officiers autrichiens à Ulm, présentent un contraste frappant avec « le manque de tact et de noblesse » de Moltke à Donchery.

Voici, pour conclure, le jugement résumé et im-

partial qu'a porté, bien avant l'entente cordiale,
O'Connor Morris :

« Napoléon n'a pas eu de successeur, mais si
« l'auréole de son génie venait illuminer une autre
« grande figure, ce ne serait pas celle de Moltke.

« Il sera certainement l'idole des adorateurs du
« succès, mais ils se sont bien trompés ceux qui en
« ont fait l'égal de Napoléon : c'est un nain à côté
« de lui :

« *His figure seems dwarfed beside that of Napo-*
« *leon !* »

TROISIÈME PARTIE

PRUSSIENS

PLANS D'OPÉRATIONS
ET CONCENTRATION

XXII

SITUATION STRATÉGIQUE

Le *plateau de Bohême* forme une vaste place d'armes autrichienne s'enfonçant au cœur de la Prusse [1], tandis que le couloir prussien de la *Haute-Silésie* perce vers Olmütz dans la direction de Vienne.

Une masse prussienne, pénétrant en Autriche par la *trouée de Reichenberg* et la Saxe, peut donc combiner son mouvement avec celui d'une armée d'aile de Haute-Silésie.

Mais d'autre part cette action flanquante, surtout si on lui donne trop d'importance en effectuant l'invasion par deux lignes d'opérations, n'est pas sans danger, car l'armée autrichienne de Bohême-Moravie se trouve en posture de manœuvrer *par lignes intérieures* et de battre successivement les forces ennemies séparées.

Devant cette éventualité, une offensive prussienne normale devait adopter la ligne d'opérations *unique* et ne faire ailleurs que des démonstrations.

Un coup d'œil sur la carte permet d'apprécier les qualités et défauts des diverses voies d'invasion [2].

---

1. Dresde à Berlin : 150 kilomètres.
2. Carte n° 1.

Celle au sud des *Gesenke,* bien excentrique, se heurte à l'importante forteresse d'Olmütz.

Celle au nord offre de nombreuses routes; le saillant du *pays de Glatz,* entre l'*Altvater* et le *Riesen-Gebirge,* attire l'attention comme approchant des voies ferrées qui se réunissent à Trübau.

Une autre solution consiste à effectuer l'invasion à l'ouest du Riesen-Gebirge, avec détachement défensif, démonstratif et flanquant en Haute-Silésie.

Nous remarquerons plus loin qu'on aurait pu aussi pénétrer en Bohéme à la fois à l'ouest et à l'est du Riesen-Gebirge : la réunion des forces *en avant* était alors facile dans la région de Falgendorf-Gitschin, car la bande montagneuse impénétrable a moins de 4o kilomètres (Neuwald à Schatzlar).

La solution *inattendue* fut, comme on sait, la réunion *en avant en plein territoire ennemi :* invasion à l'ouest, de l'Elbe à Reichenberg, à l'est, de Schatzlar à Nachod([1]), avec direction de rendez-vous problématique *Gitschin.*

Ce *truc* risqué de Moltke a été justifié par le succès, mais par le succès sur un adversaire qu'on ne pouvait croire *si peu dangereux.* Il fut la conséquence, *non indispensable* du reste, d'une *faute initiale :* le partage des forces en deux grandes con-

---

[1]. Distance à vol d'oiseau de Reichenberg à Trautenau : 65 kilomètres. Comme on fut battu à Trautenau et qu'on ne le fut pas, par hasard, à Eipel (Soor), la distance intéressante est celle de Reichenberg à Nachod : 86 kilomètres.

Fig. 1. — Débarquements.

Fig. 2. — Emplacements fixés par l'ordre du 30 mai.

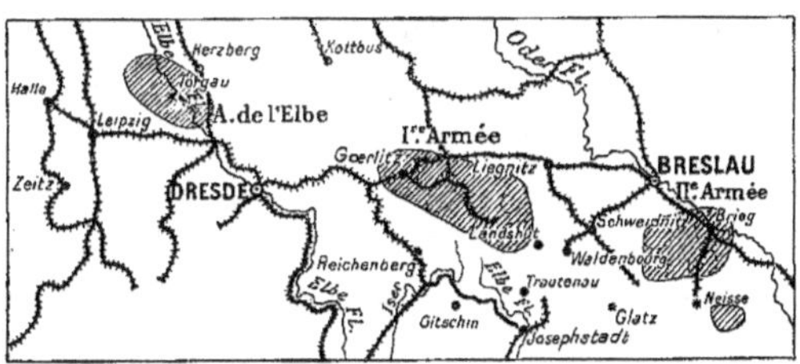

Fig. 3. — Emplacements fixés par l'ordre du 10 juin.

centrations éloignées (autour de Gœrlitz et de Neisse), succédant à d'autres groupements aussi défectueux (¹).

Moltke a prétendu que ce partage résultait du tracé des voies ferrées, mais on pouvait, *avec de courtes marches appropriées après les débarquements,* avoir une masse occidentale plus à l'est (Hirschberg), une masse orientale plus à l'ouest (Schweidnitz), diminuant ainsi les dangers de la concentration en avant, à réaliser dans la région de Falgendorf.

Non, le système périlleux de deux invasions distantes, orientées sur Gitschin, n'était pas une conséquence forcée du dispositif le plus rapide de débarquements, puisque les voies de fer permettaient de constituer entre Gœrlitz et Frankenstein deux masses relativement rapprochées, ou même une seule, de Laubau à Waldenburg.

Ce n'est peut-être pas sans arrière-pensée que l'on avait poussé les *terminus* des lignes ferrées aux localités peu importantes Hirschberg, Waldenburg, Frankenstein : il fallait en profiter et effectuer la concentration *derrière le Riesen-Gebirge,* débordant le massif à droite et à gauche.

---

1. Figures 1, 2 et 3 (p. 73).

XXIII

PLANS D'OPÉRATIONS

Le premier Mémoire de Moltke date de 1860; en voici quelques passages :

« Il reste disponibles en Autriche contre la Prusse,
« Saxons compris, garnisons des places déduites,
« 220 000 hommes.

« Impossible de prévoir le délai nécessaire à la
« concentration de ces forces au *nord de la Bohême,*
« mais il faudrait commettre de grandes fautes pour
« que vînt à être troublée la mobilisation prussienne,
« ainsi effectuée :

Ier corps (Kœnigsberg)	Jüterborg
IIe corps (Stettin)	Wittemberg
IIIe corps (Berlin)	Torgau-Herzberg
IVe corps (Madgebourg)	Halle
V^e corps (Posen)	Spremberg
VIe corps (Breslau)	Schweidnitz-Striegau
Garde	Baruth.

« Ce dispositif permet de réunir :

Vers Dresde, en cinq marches	198 000 hommes
A Torgau-Herzberg, en deux marches (si des retards dans la mobilisation contraignent à la défensive)	165 000

« Le mouvement offensif de l'armée prussienne
« *sur Prague* rend impossible aux Autrichiens une
« opération principale sur la Silésie.

« Il semble à peu près hors de doute que leur pre-
« mière concentration se fera sur *la ligne Prague-*
« *Pardubitz* et en avant.

« Reste à choisir entre *la défense* directe et indi-
« recte *de la capitale.* »

Et il propose l'organisation défensive de Berlin ou
plutôt de la ligne *Nutte-Notte,* comme en 1813 ([1]).

Nouveau mémoire en 1862, où il envisage *déjà*
une lutte *contre la France* :

« Nos principaux adversaires sont l'Autriche, la
« Bavière et peut-être la France, pour le moment
« occupée au Mexique. La Prusse devra se résigner
« à voir ses ports bloqués par le Danemark, peut-
« être même par l'Angleterre. Une aide éventuelle
« de la Russie, demandant du temps, se trouve né-
« gligeable au début.

« Il est possible que la France ne prenne pas parti
« tout de suite et laisse d'abord les Allemands s'en-
« tre-dévorer.

« Il faudra unir *de force* toute l'Allemagne contre
« elle. »

---

1. *Napoléon, Bülow et Bernadotte. Offensives contre Berlin,*
1813.

En 1865 Moltke répond au ministre de la guerre (de Roon), qui a posé cette question : « Combien faut-il de temps à l'Autriche pour être en état de commencer sérieusement une campagne ? » par cette note :

« Dans une mobilisation générale, compter six à
« huit semaines pour le déploiement à la frontière
« d'une armée importante, quoique les lignes ferrées
« se prêtent à une concentration facile dans toutes
« les directions. »

Encore il s'occupe de nous, envisageant une lutte de la Prusse et de l'Autriche réunies contre l'Italie, soutenue par la France :

« Ce ne serait pas au-dessus de nos forces. La
« France a maintenant en Algérie, au Mexique, à
« Rome, sur la route de Cochinchine 84 600 hom-
« mes ; il ne lui en reste par suite que 270 000. Mais
« il faudrait compter avec la Russie. »

Enfin paraît le fameux *Mémoire de l'hiver 1865-1866,* d'après lequel :

« Le mieux serait de concentrer l'armée en Haute-
« Silésie pour l'avancer sur Vienne, mais il est essen-
« tiel pour cela d'apparaître sur le théâtre des com-
« bats *plus tôt* que les Autrichiens et *plus fort* qu'eux.
« Une telle concentration ne couvre en effet notre

« pays que si l'on est assez fort pour marcher par
« Olmütz-Brünn sur Vienne et attirer là vers nous
« les forces ennemies. »

Le malheur est, pense-t-il, qu'on ne pourra être
assez fort et que très longue sera cette concentration. Il y renonce, soucieux « avant tout de *couvrir
Berlin* ».

Ainsi *le vent est à la défensive* : il effectuera la
concentration en Lusace (ou, suivant la variante, à
la frontière austro-saxonne), dans le but de « couvrir Berlin » (!) croyant possible que l'adversaire
marche de Brünn vers la Lusace ou la Saxe et de
là *contre Berlin*, en négligeant sur son flanc et à revers *une grande armée prussienne de Breslau !*

L'armée principale doit donc se masser au nord
des monts de Lusace, de l'Iser et du Riesen-Gebirge.

Moltke a d'ailleurs l'intention d'effectuer l'invasion
par Prague et Iglau, en surveillant Olmütz.

Le major du génie *von Schrœter* remarque (1904) :

« Combien le plan d'opérations offensif était essen-
« tiellement influencé par la fortification. Une atta-
« que sur le grand camp retranché d'Olmütz était
« une immense entreprise, une vraie nouveauté à la-
« quelle on n'était nullement préparé (¹).

---

1. Olmütz avait une organisation « moderne », avec garnison de
14 000 hommes.

« D'après Moltke, Olmütz, point d'appui *opératif*
« de premier ordre, pouvait recevoir une armée en-
« tière. Il considérait en somme deux cas, le pre-
« mier *vraisemblable :* concentration à Kœniggrætz,
« retraite devant l'invasion sur Olmütz, où les Autri-
« chiens se renforceraient; la marche sur Iglau les
« obligeait à chercher la décision en champ libre.
« Deuxième cas, *peu vraisemblable : rassemblement*
« *initial autour d'Olmütz,* la situation devenant la
« même que précédemment. »

Moltke s'est en somme bien trompé dans ses prévisions.

Dans une nouvelle étude (*Mémoire du 2 avril*) il
change d'avis, ayant basé la prévision d'une réunion
rapide de l'ennemi en Bohême *sur des calculs
inexacts* (!) et abandonne la Lusace, « à laquelle ne
conduit du reste qu'une seule ligne ferrée », pour
préconiser le rassemblement *sur la frontière austro-
saxonne* (cinq voies ferrées).

Le 12 avril, nouvelles fluctuations de Moltke, qui
écrit :

« La Silésie est la partie la plus menacée de la
« monarchie. C'est de ce côté seulement qu'une
« offensive ennemie peut s'avancer avec toutes ses
« forces sans craindre pour ses communications. »

Aussi le 14 soumet-il au roi un projet de concen-

tration (sur un front considérable) d'Herzberg à
Neisse, basé sur l'utilisation complète du réseau
ferré et sur le rassemblement en Silésie, « d'où l'offensive prussienne menace le plus sûrement l'ennemi ».

XXIV

CONTRADICTEURS DE MOLTKE

Le général *von Bernhardi* avait toujours préconisé la réunion des forces *en Haute-Silésie* et l'offensive issue de cette région.

Il présente un mémoire, qu'apostille défavorablement Moltke, prétextant qu'il existe vers ce pays *une seule* ligne ferrée [1] et qu'il faudrait en conséquence deux mois pour y rassembler cinq corps [2] !

C'était *inexact :* il y avait une autre ligne, à une voie, il est vrai [3] ; comme elle exigeait douze jours (au lieu de dix) pour le transport de chaque corps, on pouvait, en $\dfrac{24 + 20}{2} = 22$ jours, amener par Liegnitz *un peu plus* de deux corps, et par Breslau *un peu moins* de deux autres, soit quatre corps après trente-deux jours [4]. A ce moment le reste (VIe et demi-V[e]) arrivait par voie de terre. Donc *un mois au lieu de deux !*

En avril 1866, *Moltke ne paraît pas à l'abri de toute critique dans ses calculs et combinaisons.*

---

1. Berlin-Liegnitz-Kœnigszelt (Carte n° 1).
2. Dix jours pour la mobilisation générale et dix pour le transport de chaque corps d'armée : $10 \times 5 + 10 = 60$ jours.
3. Posen-Breslau-Ratibor, avec embranchement Brieg-Neisse.
4. $10 + 22 = 32$.

Les *Souvenirs* du général *von Wartensleben* ([1])
présentent cet exposé de la situation et d'une solution préférée (réunion des forces en Lusace) :

« Pour l'offensive d'une armée principale s'offraient
« *deux alternatives :*
« 1° Prendre la direction plus courte et plus déci-
« sive de la Haute-Silésie contre Vienne, en mas-
« quant Olmütz ;
« 2° Partir de la Lusace pour envahir la Bohême
« sur un large front par la Saxe.
« La disposition pacifique et les scrupules du roi
« enlevèrent tout espoir de pouvoir commencer les
« opérations, en partant de la Haute-Silésie, assez
« tôt pour les effectuer *par surprise* (condition essen-
« tielle du succès). On voulait éviter de faire porter
« sur nous *l'odieux* du premier coup dans *cette guerre*
« *fratricide allemande.* En outre, la sécurité de la
« capitale paraissait ainsi très menacée.
« La meilleure décision était donc de poser comme
« base de notre premier déploiement stratégique l'oc-
« cupation *d'une position centrale en Lusace,* couvrant
« Berlin. »

Le colonel *von Dœring* ([2]) est aussi, comme on le

---

1. Alors chef de la section des chemins de fer au Grand état-
major.
2. Chef de section au Grand état-major, il prit, le 21 mars, la direction du Bureau des renseignements de Silésie, dont les rapports

verra tout à l'heure, partisan du rassemblement *unique* en Lusace, *Voigt-Rhetz* de celui *unique* en Silésie ([1]).

Tandis que tout le monde se trouve d'accord pour réclamer une concentration *unique*, où qu'elle soit, va donc se produire, sous la haute direction de Moltke, une concentration *en cordon,* une invasion *par double ligne d'opérations,* c'est-à-dire la dangereuse dispersion des forces.

étaient centralisés au Bureau central de Berlin par le major *Bronsart von Schellendorf.*

1. Lettre à Blumenthal.

XXV

DISPERSION STRATÉGIQUE
ET SOLUTION NOUVELLE

Ce déploiement extraordinaire, qui avait 45o kilomètres de front (¹), le *Militär-Wochenblatt* essaya de le justifier dans un long article, attribué à Moltke (²), dont voici le résumé :

« Une armée de 200 000 hommes ne peut exclu-
« sivement subsister par ses magasins, même avec
« deux voies ferrées, et doit vivre aussi sur le pays,
« *donc s'étendre*. Or tout encombrement de grandes
« masses est une calamité, nécessaire et obligatoire
« seulement à l'approche immédiate de la bataille.

« Le rassemblement étroit offre du reste moins
« de routes vers l'objectif.

« En avançant après une concentration serrée,
« comme on doit étendre ou le front ou la profon-
« deur, se perd l'avantage de la réunion des forces.

« L'espace couvert par le *rassemblement autri-*
« *chien* en Moravie était considérable : plus de

---

1. Figures 1 et 2 (p. 73).
2. Réponse à une critique de l'*Œsterreichische militärische Zeitschrift* (1867), dans laquelle le général Nagy déclarait : « la direction prussienne ne s'est pas élevée au-dessus d'une bonne moyenne ».

« 100 milles carrés (5 600 kilomètres carrés), de
« Wildenschwert à Lundenburg (¹), ce qui nécessi-
« tait *neuf jours* pour appeler en tête les troupes
« de queue. Une réunion *analogue* des forces prus-
« siennes exigeait un front s'étendant de Torgau à
« Gœrlitz, avec une profondeur depuis la frontière
« jusqu'à Berlin et Francfort-sur-Oder (!). Toutes les
« troupes devraient ensuite s'engager sur l'espace,
« relativement étroit (38 kilomètres), entre Rumburg
« et Friedland : les premiers corps pourraient donc
« se heurter à l'ennemi sans que les autres soient
« en état de les soutenir. »

Ainsi Moltke prétend justifier le développement
colossal de son front, le système du cordon, en assurant qu'une autre solution conduirait à une profondeur inadmissible.

Ce raisonnement est absolument spécieux.

En réalité il fait une critique du rassemblement
autrichien, qu'il ne fallait pas prendre comme type,
car il était *trop dilaté.* D'après les principes généraux sur l'étendue du stationnement d'une armée,
celle de Benedek comportait un carré de 40 kilomètres de côté, soit 1 600 kilomètres carrés (et non
5 600).

Un carré équivalent pour l'armée prussienne, ayant

---

1. Wildenschwert, au nord du nœud de voies ferrées de Trübau

son centre vers Gœrlitz, n'avait son côté septentrio-
nal qu'au quart de la distance de la frontière à Berlin.

*L'immense front prussien mérite donc autant la cri-
tique que l'énorme profondeur des Autrichiens,* bien
plus, car celle-ci devenait sans inconvénient, en sachant employer les chemins de fer.

En effet « neuf jours » n'étaient point nécessaires
pour appeler en tête la queue autrichienne ; il ne fallait même pas une marche si l'on eût *échelonné judicieusement* les troupes, le mouvement par voie ferrée s'exécutant sans concentration préalable.

Dœring, dans son mémoire, s'était prononcé *contre
toute séparation* des forces, préconisant un mouvement offensif par la Lusace. Moltke y ajouta de sa
main cette annotation, qui indique *une solution nouvelle :*

« Nous ne pouvons effectuer avantageusement la
« concentration de nos forces *qu'en avant,* c'est-à-
« dire en *Bohême.*

« Mais cela sera impossible à partir du moment
« où l'ennemi y sera avec des forces telles qu'il
« puisse opposer une supériorité numérique aux
« colonnes s'avançant de Silésie et de Lusace. Ce
« moment, il ne faut l'attendre en aucun cas : toute
« notre sécurité repose dans l'*offensive.* »

Dœring écrivit en marge :

« Alors ce moment est arrivé ! »

Si Moltke avait trouvé en face de lui un autre adversaire que Benedek, son contradicteur eût pu dire : *Ce moment est passé !*

Pour avoir l'initiative des opérations, c'est-à-dire pour prendre l'offensive, Moltke réclamait naturellement une prompte mobilisation générale. Le 2 mai il exprimait ainsi les dangers de la situation :

« La mobilisation ne peut être différée de quel-
« ques heures sans compromettre la sûreté de
« l'État. »

XXVI

PREMIÈRE CONCENTRATION

La disposition de cinq corps d'armée, le 3 mai, était prise contre une attaque, jugée imminente, « sur Berlin ».

Les mouvements par voie ferrée s'exécutaient déjà, lorsque le 8 furent mobilisés deux autres corps (Ier et IIe), dont le transport s'ajouta à ceux en cours.

Rassemblement initial

Ier corps (Kœnigsberg)	Kœnigsberg.
IIe corps (Stettin)	Kustrin.
IIIe corps (Berlin)	Torgau et à l'ouest.
IVe corps (Magdebourg)	Est de Torgau et Kottbus.
V^e corps (Posen)	Schweidnitz.
VIe corps (Breslau)	Neisse.
VIIe corps (Munster)	Munster, Hanau, Minden.
VIIIe corps (Coblenz)	Coblenz, Wetzlar.
Garde	Berlin.

Pourquoi ce rassemblement initial, qu'il faudra rompre bientôt? Ce système est aujourd'hui condamné. Toutefois l'inconvénient était amoindri, le mouvement ayant lieu (sauf pour le Ier corps) vers l'avant des territoires de corps d'armée.

Le 15 mai, on organise ainsi les armées :

Armée de l'Elbe (VIIIᵉ corps et 14ᵉ division),
  général von Herwarth . . . .   Thuringe.
Iʳᵉ armée (IIᵉ, IIIᵉ et IVᵉ corps), prince Fré-
  déric-Charles . . . .   Lusace.
IIᵉ armée (Vᵉ et VIᵉ corps), Prince royal .   Basse-Silésie.
Iᵉʳ corps (corps de liaison) . . . .   Gœrlitz.
Garde et corps de landwehr. . . . . . .   Berlin.

Les mouvements par chemin de fer ou sur routes commencent le 16 mai. On eut (ou on devait avoir) *le 5 juin* huit corps sur *l'arc de 450 kilomètres :* Zeitz — Torgau — Gœrlitz — Neisse (¹).

Points de débarquement

Armée de l'Elbe . . . .   Halle à Zeitz.
Iʳᵉ armée (IVᵉ corps) . . . . .   Torgau.
  —   (IIᵉ corps) . . . . .   Herzberg.
  —   (IIIᵉ corps) . . . . .   Kottbus.
Iᵉʳ corps . . . .   Gœrlitz.
IIᵉ armée (Vᵉ et VIᵉ corps) [²] .   Schweidnitz-Neisse.
(Garde, corps de landwehr) . .   Berlin.

Les mouvements sont *presque complètement effectués,* lorsqu'on se rend compte *des inconvénients d'un tel dispositif !*

Par *l'ordre du 30 mai* Moltke essaie de *les atténuer* en serrant un peu sur Gœrlitz (³).

---

1. Figure 1 (p. 73).
2. La division de cavalerie de la IIᵉ armée est formée avec les cavaleries des corps V et VI.
3. Figure 2 (p. 73).

Le front est *réduit à 230 kilomètres*.

Nous verrons qu'il *reprendra 400 kilomètres* le 18 juin en exécution des ordres du 10 ([1]).

Et Moltke insistait encore sur le moyen de sortir de cette impasse :

« La réunion *des groupes,* pour être atteinte le
« plus rapidement possible, ne peut s'effectuer *qu'en*
« *avant,* par l'offensive. »

---

1. Figure 3 (p. 73).

NOUVEAUX CONTRADICTEURS DE MOLTKE

Le 25 mai eut lieu un conseil de guerre, auquel le général *Wasserschleben*, inspecteur du génie, consacra cette annotation sur son carnet :

« Conférence de Sa Majesté. Présents : comman-
« dants d'armée, leurs chefs d'état-major, etc. Le
« roi développe avec clarté la situation politique ;
« tendance dominante à la paix. Le Prince royal
« envisage une guerre d'invasion ; *Moltke* parle du
« déploiement stratégique ; *Voigt-Rhetz* d'avis con-
« traire. »

A ce moment on avait à Berlin la connaissance suivante de la situation des Autrichiens :

1° Sur dix corps, trois se rassemblent en Italie ;

2° Le 1er corps (Prague) a ses avant-postes à Tetschen, Reichenberg, Trautenau ;

3° Le corps saxon se concentre à Dresde ;

4° On ignore où doivent se réunir les six corps destinés à opérer de concert avec le 1er et les Saxons.

D'après l'Historique prussien, voici les intentions
que le Grand état-major supposait à l'adversaire :

« Le 1er corps (Prague) pouvait, grâce aux che-
« mins de fer, rassembler en très peu de temps sur
« l'un des points Tetschen, Reichenberg ou Traute-
« nau une force de 60 000 à 80 000 hommes (?). Ce
« n'était pas assez, il est vrai, pour engager réelle-
« ment une guerre offensive, mais cela pouvait suf-
« fire, suivant le choix fait par les Prussiens de la
« zone de réunion de leurs forces, pour menacer
« sérieusement *Berlin ou Breslau* (!).
« D'un côté (à Dresde) l'armée saxonne, avant-
« garde prête à marcher, n'était pas à plus de six
« à sept jours de marche de *Berlin ;* de l'autre (à
« Trautenau) on pouvait arriver à *Breslau* en cinq
« journées. »

Alors paraît une seconde dissertation du général
von Dœring, cette fois sur ce qui se passera après
le 5 juin (transports terminés). Il fait deux supposi-
tions :

1° Les Prussiens, voulant prendre l'offensive, ren-
contrent l'armée autrichienne rassemblée (entrant en
Saxe ou y étant déjà) ;

2° Les forces principales ennemies s'avancent
contre la Silésie.

Et il insiste encore pour l'offensive *unique* par la
Lusace, proposant d'avancer à l'aile gauche le

Vᵉ corps au sud d'Hirschberg, le VIᵉ par Trautenau, *un seul corps étant laissé à Neisse.*

Moltke ne partage pas cet avis et veut séparer *au moins le groupe des Vᵉ et VIᵉ corps :*

« Dans l'offensive éventuelle ils immobiliseraient
« plus de 5o ooo Autrichiens près des voies ferrées
« de Trübau. »

Voigt-Rhetz, au contraire, ne croit pas à l'efficacité de cette offensive secondaire, *même avec trois corps :*

« On aurait dû commencer la campagne beaucoup
« plus tôt par une puissante offensive partant de
« Neisse, avant que les Autrichiens fussent prêts à
« la lutte. *L'instant est passé :* l'attaque de trois corps
« ne donnera pas maintenant ce qu'on pouvait en
« attendre au début. »

A ce moment Moltke déclare :

« J'estime l'entrée des forces principales ennemies
« en Silésie *plus vraisemblable* qu'une offensive en
« Saxe. »

Qu'il est loin d'avoir *le flair* des événements prochains !

On a vu combien Moltke s'inquiétait de *couvrir Berlin :* il est donc extraordinaire qu'il n'ait pas

songé d'avance à faire étudier un projet de défense
des positions de *Nutte-Notte* (¹).

En réalité cette ligne fut organisée mais tardivement, bien que le Grand état-major n'en parle pas
dans sa Relation officielle. Le 1ᵉʳ juin le général commandant le génie de la Iʳᵉ armée recevait l'ordre d'en
faire la reconnaissance ; il estima qu'il fallait 3 000
terrassiers et 400 ouvriers en bois pendant six semaines. L'ordre de commencer les travaux fut donné
par télégramme le 17, mais ils furent naturellement
suspendus à la nouvelle de la victoire de Sadowa.

---

1. *Napoléon, Bülow et Bernadotte.* (*Offensives contre Berlin.
1813.*)

XXVIII

MOLTKE ET STEINMETZ

Non seulement nous trouvons *Dœring* et *Voigt-Rhetz* en désaccord avec Moltke, mais encore *Steinmetz*, qui lui adresse cette note curieuse et pleine *d'humour* :

« Voici comment je comprends votre situation :

« 1° On paraît décidé à ne rien faire !

« 2° On conserve une extension de front considé-
« rable ;

« 3° On attend que l'ennemi fasse le premier pas
« offensif ;

« 4° Les Vᵉ et VIᵉ corps, n'étant pas de force à
« résister au choc de toute l'armée autrichienne
« venant d'Olmütz, devront se retirer ;

« 5° Pendant ce temps nous appellerions des ren-
« forts de Saxe (!) pour opérer contre le flanc
« gauche ennemi.

« *En résumé, on veut perdre la Silésie, puis la*
« *reprendre !* »

Moltke, ainsi pris à partie, défend et vante sa solution dans cette réponse (1ᵉʳ juin) :

« N'étant pas étranger aux dispositions prises, je
« tiens à vous exposer mes vues.

« Nous avons besoin de toutes nos forces contre
« les 240 000 Autrichiens ; l'ennemi ayant six
« semaines d'avance dans ses armements, il faut
« être apte à résister dans le temps le plus court.

« *En une telle situation, il faut que les points de*
« *débarquement forment un cordon le long de la fron-*
« *tière.* »

Après cette affirmation discutable, il continue
ainsi :

« Aucun autre dispositif ne peut changer cette
« réalité géographique : les Autrichiens se trouvent
« en Bohême *sur la ligne intérieure* entre la Silésie
« et la Marche.

« Une opération *contre Berlin* est des plus dan-
« gereuses pour nous, car aucune forteresse, aucun
« accident de terrain ne protège la capitale.

« *En Lusace* nous plaçons *donc* quatre corps d'ar-
« mée.

« *En Silésie* deux corps seulement peuvent être
« rassemblés dans le court espace de temps qui
« nous est donné. Nous ne pouvons d'ailleurs
« *défendre la Silésie en Silésie,* mais en Bohême.

« Rien ne justifie des cantonnements resserrés :
« l'envoi d'ordres télégraphiques suffit pour que la
« concentration s'effectue en temps voulu.

« Le *correctif* pour notre ligne de *points de débar-*
« *quement disséminés* (qui ne constitue pas le déploie-

« ment stratégique) sera la concentration *vers l'a-*
« *vant.*

« Nous pouvons, en partant de *cet éparpillement,*
« amener à Dresde 190 000 hommes en cinq mar-
« ches, à Schlukenau (1) 220 000 en neuf jours. »

Vers l'avant ne veut pas dire *ici* en Bohème,
comme en fin avril et le 24 mai ; *Moltke a donc un
instant,* le 1er juin, *l'idée d'une ligne d'opérations
unique.* Quelques jours après, il revenait à ses erre-
ments antérieurs.

---

1. Schlukenau, à mi-chemin entre Dresde et Reichenberg, près
de Rumburg.

XXIX

SÉPARATION DE LA II° ARMÉE

A la fin des transports, au lieu d'effectuer la réunion des armées par de grandes marches latérales, on se borne à un faible mouvement de flanc pour diminuer l'extension de front inadmissible.

Moltke, pensant alors que la masse principale de Moravie va s'avancer vers la Haute-Silésie, *fait affecter à la II° armée (4 juin) le I° corps,* qui exécute une navette de Gœrlitz sur Hirschberg (¹).

Le *Prince royal* propose de son côté *de gagner une position sur la Neisse, avec nouveau renforcement par la Garde, réserve générale des armées.*

Ce déplacement parallèle de cinq marches amenait *une nouvelle séparation extrême des forces* (²) et *Moltke ne s'y oppose pas !* Il écrit à Blumenthal le 9 juin :

« L'invasion de la Saxe n'est pas encore permise
« pour des raisons politiques (ou impolitiques). On
« peut faire face à la situation en occupant la posi-
« tion en vue sur la Neisse avec le seul VI° corps,

---

1. Carte n° 1.
2. Figure 3 (p 73).

« dont la retraite ne peut guère se trouver com-
« promise *et devra préparer l'avancement de forces*
« *imposantes.*

« La partie de *la Garde* arrivant le 10 à Kottbus
« sera portée vers Güben, *près de la voie ferrée de*
« *Breslau.*

« Dans mes propositions d'aujourd'hui au roi,
« j'insiste sur la position de Neisse. »

Le roi approuve *le 10 :* on va reprendre un front
de *400 kilomètres !*

Le 18 furent atteintes les positions de Torgau à Neisse.

Et cependant *les Autrichiens n'avaient pas encore bougé !*

RENFORCEMENT DE LA IIe ARMÉE

Le 19 juin on reçut à Berlin copie de l'ordre de
bataille de l'armée austro-saxonne (1) ; cette connaissance, résultat d'une trahison, avait une importance
considérable.

On vit ainsi qu'en face des forces prussiennes
(278 000 hommes) se trouvaient 271 000 hommes :
on jugea donc opportun de renforcer les divisions
de l'Elbe par le corps de réserve.

La Relation officielle fait cette constatation un peu
naïve :

« On fut alors tranquille. C'était assez pour cou-
« vrir Berlin et les Marches. »

Six corps d'armée étant en voie de réunion dans
la région d'Olmütz, Moltke en conclut que l'ennemi va prendre l'offensive *par la Silésie, et entre
alors complètement dans les vues du Prince royal,*
renforçant la IIe armée par *la Garde,* qu'il fait marcher sur Neisse pour couvrir directement la frontière
menacée.

---

1. D'après la Relation prussienne, le document indiquait huit
corps d'armée et quatre divisions de cavalerie.

Il dit dans la Relation :

« En s'établissant en arrière de la Neisse on cou-
« vrait la plus grande partie de la Silésie : les Autri-
« chiens ne pouvaient pas passer devant l'armée
« ainsi postée pour se diriger sur Breslau ; ils étaient
« obligés de l'attaquer, à moins de découvrir leurs
« communications. L'aile gauche s'appuyait sur la
« place de Neisse, et l'adversaire, attaquant l'aile
« droite, avait à dos Glatz et les montagnes.

« La mesure paraissait donc *excellente en elle-*
« *même,* mais avait *l'inconvénient* d'augmenter encore
« de cinq à six jours la distance entre les Ire et
« IIe armées. »

Et il justifie la mesure en ajoutant :

« *Deux corps d'armée seulement,* même dans une
« forte position, *n'auraient pas été en état de résister*
« aux forces si supérieures qui les menaçaient. »

La IIe armée, renforcée en conséquence par le
Ier corps et la Garde, a maintenant quatre corps :
elle devient presque armée principale, tandis que la
Ire perd son caractère de masse offensive ; le Grand
état-major adopte donc, *sous l'influence de l'affole-*
ment, la solution d'abord *condamnée,* après bien des
discussions !

A cette masse défensive, on va faire prendre *des positions :* il a fallu pour cela la porter à quatre corps ; « deux ne suffisaient pas » (!)

C'était le cas d'appliquer ce principe rationnel : il y a souvent mieux à faire que résister sur une position, c'est *combattre en retraite* vers l'armée principale.

Quant à la séparation de la $\mathrm{II^e}$ armée à huit marches, elle présentait le danger suivant : le gros des Autrichiens pouvant arriver sur la Neisse en six jours, la $\mathrm{I^{re}}$ armée y parvenait avec $8 - 6 + 1 =$ *3 jours de retard au moins,* en supposant que le mouvement de Benedek fût connu un jour (vingt-quatre heures) après sa mise en marche.

La figure 3 (p. 73) donne les emplacements (du 18) résultant de l'Instruction, qu'a provoquée la connaissance de l'ordre de bataille autrichien.

Les chefs de section du Grand état-major *désapprouvaient* les dispositions de Moltke, d'après *Wartensleben :*

« Nous nous sommes continuellement prononcés
« d'un commun accord *contre la position de la $\mathrm{II^e}$ ar-*
« *mée sur la Neisse et contre son renforcement pro-*
« *gressif à quatre corps.*

« Moltke ne se rendit pas à nos raisons, il fit
« prévaloir *malgré nous son idée favorite,* en s'ap-
« puyant sur le désir pressant du Prince royal. »

C'était bien la peine de rédiger les beaux mémoires de l'hiver 1865-1866 et du 2 avril, pour changer ainsi d'opinion *sans qu'aucun fait nouveau soit survenu, en vue d'aller occuper une bonne position !*

XXXI

MOLTKE ET BLUMENTHAL

Plus précieuses encore que les remarques de la Relation ces explications de Moltke à Blumenthal :

« L'inconvénient (1) *sera un peu amoindri* par le « mouvement de flanc (au delà de Gœrlitz).

« La Ire armée et celle de l'Elbe doivent entrer en « Saxe. Leur marche ultérieure en Bohême *atti-* « *rera bien sur elles deux ou trois corps ennemis,* « procurant indirectement plus de facilités à la « IIe armée.

« Il ne faut pas baser les calculs sur des vœux et « espérances, mais sur des grandeurs données. Cer- « tainement l'autorisation d'envahir la Saxe et la « Bohême ne devrait pas se faire attendre, mais « nous ne perdrons pas de temps tout en demeu- « rant tranquilles. Le 18, jour où vous serez sur la « Neisse, la Ire armée aura atteint ses cantonne- « ments : *autour du nœud de routes de Gœrlitz, elle* « *se trouvera disponible pour des opérations en Silé-* « *sie comme pour l'invasion en Bohême* (directe ou « par la Saxe). »

---

1. Nouvelle séparation des Ire et IIe armées.

Moltke, à ce moment, *varie encore* et semble près d'abandonner l'idée de la réunion des forces *en avant*. Croyant qu'en vingt-quatre heures 100 000 Autrichiens apparaîtront devant Neisse et pourront être portés en deux jours à 150 000, il entrevoit une solution nouvelle :

« Il serait tout à fait *désavantageux de se battre*
« *vers la Neisse* contre un ennemi ayant une supé-
« riorité décisive, *alors que nous pouvons rassembler*
« *sept corps cinq à six jours plus tard sur la ligne*
« *Schweidnitz-Breslau.*

« S'il n'y a pas d'autre corps que le 1ᵉʳ autri-
« chien pour la couverture de la Bohême, vous en
« aurez six devant vous. Ils ne seront pas réunis le
« premier jour et, *si votre retraite est nécessaire,*
« elle fournira occasion à *d'heureux combats d'ar-*
« *rière-garde* le long des montagnes. *Surtout qu'on*
« *ne se laisse pas entraîner à la bataille.* »

C'est *le combat en retraite* dont nous parlions tout à l'heure.

Blumenthal répond le 13 juin par cette note, dont le ton semble certes peu agressif :

« Notre mission doit être *défensive avant tout,* et,
« en parlant d'offensive, je veux dire que nous ne
« comptons pas perdre les bonnes occasions. Le
« Prince royal pense comme moi et, si Dieu est fa-
« vorable, *la Silésie sera sauvée.*

« L'envoi de la Garde nous a été extrêmement
« agréable. Je n'ose pas demander encore l'envoi de
« nouvelles troupes, mais je suis persuadé que *la*
« *Ire armée nous suivra bientôt* et déterminera le suc-
« cès final. »

Frédéric-Charles, surpris de se voir diminuer, fait
contre mauvaise fortune bon cœur :

« Je prie Votre Majesté d'examiner la respec-
« tueuse proposition que j'ose lui soumettre *de*
« *joindre dès maintenant mes forces à la IIe armée,*
« mouvement par étapes de dix à quatorze jours.
« Le général von Herwarth me paraît assez fort
« pour couvrir Berlin. Je tiendrai à honneur d'être
« placé sous les ordres du Prince royal. »

Ainsi, sans que l'ennemi ait bougé, on promène
en navette depuis un mois des armées et fractions
d'armée derrière les montagnes, puis, au moment
psychologique, tout le monde pense, les chefs d'armée les premiers, que le plan d'opérations ne vaut
rien, qu'il faut faire par le flanc gauche et former une
seule masse, un seul bloc en Silésie.

XXXII

CE QUE MOLTKE POUVAIT FAIRE

Avant d'aborder le détail des opérations, examinons ce qu'auraient pu faire les Prussiens pour éviter de séparer leurs forces.

Moltke a prétendu justifier l'invasion de la Bohême avec deux armées éloignées, séparées et sans liaison ([1]), à la merci absolue d'une manœuvre par lignes intérieures un peu bien exécutée, en soutenant « *qu'il ne pouvait pas faire autrement* » par suite des défauts de la concentration et que le mieux était d'aller *vite* en cherchant la réunion *en avant*.

Dans le cas même où « *l'éparpillement des débarquements* » eût été indispensable, comme il l'a affirmé, la solution suivante permettait de faire avec moins d'aléa la concentration en avant. Il suffisait d'effectuer quelques courtes marches, pendant les débarquements, de manière à venir occuper les régions ci-après ([2]) :

Aile droite : VIIe corps, sud de Kottbus,

Armée de droite : VIIIe, IIe et IIIe, Gœrlitz,

---

1. Liaison télégraphique au Grand quartier général très incomplète et précaire, comme on verra.

2. Comparer avec les figures 1, 2 et 3 (p. 73).

Armée de gauche : Garde, Ier, IVe, V^e, au nord d'Hirschberg, Landeshut, Waldenburg,

Aile gauche : VIe, Frankenstein, les corps étant *échelonnés* sur les routes.

On devait pousser rapidement l'armée de Landeshut sur *Trautenau—Eipel ; elle se retranchait* et attendait l'armée de droite débouchant de *Reichenberg—Friedland,* avec le corps d'Hirschberg passant par Schreiberhau—Wurzelsdorf.

La jonction se faisait *tout naturellement* dans la région Arnau—Falgendorf, car les troupes de l'Iser, menacées à dos, ne pouvaient résister *au prince Frédéric-Charles, supposé même aussi peu entreprenant et actif qu'il l'a été en réalité.* D'ailleurs les Saxons ne se trouvaient pas encore en ligne.

L'aile gauche entrait en scène sur Nachod ou sur Trübau.

Cette concentration *en avant* n'était-elle pas plus sûre que celle si problématique vers Gitschin ? N'avait-on pas la certitude de devancer l'armée autrichienne, dispersée et éloignée ?

QUATRIÈME PARTIE

AUTRICHIENS

MOBILISATION ET PREMIÈRES OPÉRATIONS

XXXIII

SITUATION STRATÉGIQUE

La courbe que dessine la frontière montagneuse
de Bohême suggère cette réflexion : une armée autrichienne, s'abstenant de prendre l'offensive et restant en position d'attente, ne doit pas se porter
trop au nord vers Josephstadt, si elle veut avoir
toute tranquillité sur la conservation de sa ligne de
communications sur Vienne, ou sur le maintien chez
l'ennemi de *l'intervalle stratégique minimum,* au cas
où elle opérerait par *lignes intérieures* contre un
adversaire séparé en deux masses.

Une position à Olmütz est d'autre part bien éloignée pour se porter vers Reichenberg, tandis que
celle autour de Pardubitz convient davantage au
rassemblement.

Mieux vaut toutefois prendre l'offensive, la défense
stratégique se trouvant particulièrement ingrate en
Bohême, par suite de la difficulté de débrouiller *à
temps* le mystère planant derrière les montagnes, et
en raison du danger signalé de trop s'avancer au
nord du parallèle de Trübau.

Aux Autrichiens s'offraient deux partis extrêmes :
Ou envahir la Haute-Silésie, opération rapide (décisive, si l'on recherchait la bataille, sans laisser l'en-

nemi combattre en retraite), *ou se* porter par voies ferrées en Saxe et tomber là (ou de là) sur la masse ennemie la plus voisine, — manœuvre hardie, appropriée à la situation politique, car avec les Saxons on ralliait ainsi Bavarois, Badois, Wurtembergeois, tandis qu'on entrait immédiatement au cœur de la Prusse.

Ces deux solutions étaient excellentes, car nous avons vu Moltke redouter également tantôt l'une, tantôt l'autre.

Le *réseau ferré autrichien* se terminait alors par trois lignes conduisant aux points de débarquement Teplitz, Tetschen, Reichenberg, Kosteletz (¹). Les lignes étaient à une voie. Il eût fallu, avant cette guerre prévue, *doubler* le tronçon de 60 kilomètres de Trübau à Pardubitz : rassemblé préalablement le long des voies de Brünn et d'Olmütz, protégé par une couverture à Wurzelsdorf, Trautenau, Eipel, Nachod, on aurait pu ainsi utiliser, pour le mouvement vers l'avant, la ligne Pardubitz—Prague—Jung-Bunzlau, avec retour des trains vides par Josephstadt, de manière à se porter rapidement dans la région de Münchengrætz (avant-gardes débarquées à Tetschen, Reichenberg).

Mais *dans aucun cas* on ne devait laisser ouverts les *thermopyles* de Bohême *et la couverture sur l'Iser moyen était trop peu avancée* pour donner sûrement

---

ı Kosteletz, à l'est d'Eipel.

le temps d'opérer par lignes intérieures, surtout lorsqu'on se trouvait éparpillé jusqu'à la bifurcation de
Lundenburg vers le sud, au lieu d'être concentré
près de Trübau.

Quelque défectueux qu'aient été les ordres donnés
à Clam Gallas, commandant le 1ᵉʳ corps, sur l'Iser,
il faut reconnaître que ce général manqua absolument *d'initiative*. Nous avons déjà vu l'opinion qu'a-
vait de lui Hohenlohe. « Moins grand seigneur, plus
sérieux », doué de quelque intelligence militaire, il
pouvait sauver l'Autriche, *malgré Benedek,* en retar-
dant le prince Frédéric-Charles, plus apte à s'avancer méthodiquement qu'avec rapidité.

XXXIV

MOBILISATION

Le gouvernement autrichien, *lui aussi,* craint de *paraître l'agresseur* et cherche en outre à éviter une guerre *qui l'effraie ;* il diffère donc la mobilisation, bien que ce fût très dangereux, car elle était compliquée et plus longue qu'en Prusse.

Le 21 avril, on mobilisait l'armée du Sud à la nouvelle des préparatifs menaçants de l'Italie, et le 27 l'armée du Nord, dont Benedek devint généralissime.

Le gouvernement prussien, surpris, se déclara habilement dupé et mobilisa à partir du 3 mai.

Les projets de Benedek et l'idée qu'il se faisait des intentions de Moltke apparaissent dans cette lettre :

Au Prince de Saxe.

23 mai.

« Le gouvernement a pris, au commencement du
« différend avec la Prusse, la résolution de régler
« nos armements sur les siens. Comme un rassem-
« blement *en Bohême* manifesterait des vues offen-
« sives, on a décidé de l'effectuer *en Moravie ;* en

« ce moment l'initiative appartient donc aux Prus-
« siens.

« Mon armée ayant terminé sa réunion en Mora-
« vie vers le 10 juin, le corps de Bohême (1ᵉʳ) aura
« l'ordre de se concentrer à Josephstadt—Kœnig-
« grætz, au cas où l'armée prussienne, utilisant son
« avance, passerait à l'attaque, soit directement en
« partant de la *Lusace,* soit après une invasion
« préalable en *Saxe.* »

Déjà Benedek néglige une attaque possible *par
la Haute-Silésie!* déjà il pense à replier ses troupes
de couverture !

Les Autrichiens effectuèrent simultanément la
mobilisation et la concentration (ou plutôt le rassemblement), ce que rendait nécessaire la lenteur
de la première due à l'éloignement des districts de
recrutement, au manque de ligne ferrée à travers
les Carpathes et à la constitution à voie unique
des chemins de fer (¹).

Le rassemblement allait s'opérer entre les nœuds
de lignes ferrées Lundenburg et Trübau, surtout le
long de ces voies.

Le 1ᵉʳ mai commença la marche des trains. Le
réseau Sud transporta jusqu'au 19 dans toutes les
directions, principalement pour l'armée du Nord :
180 000 hommes, 8 400 chevaux, 900 canons et voi-

---

1. Sauf une section de 52 kilomètres, au nord de Vienne.

tures ; — le chemin de fer du Nord, en 460 trains : 200 000 hommes, 30 000 chevaux, 4 300 canons et voitures (¹).

Il y eut ainsi en moyenne *24 trains* par jour, *résultat extraordinaire,* les Prussiens n'obtenant au même moment que *12 trains* au maximum sur des lignes en partie à deux voies.

La mobilisation présentait une complication analogue à la nôtre en 1870, des troupes de Vénétie, Istrie ou Dalmatie étant dirigées sur la Hongrie pour gagner ensuite l'Autriche !

Le tableau suivant donne une idée des marches et transports.

Mobilisation autrichienne

TROUPES		DISTRICTS DE RECRUTEMENT
1° En Moravie dès le temps de paix	2 brig. du 2ᵉ corps.	Banat, Hongrie, Steiermark.
	3 régiments de cavalerie.	Idem.
2° Atteignant la Moravie à pied (2 au 10 juin). .	3ᵉ corps. . . . . . 8ᵉ corps (incomplet) . . . . . . 20 régiments de cavalerie.	»

1. En 1870, notre ligne de l'Est a transporté, du 16 juillet au 4 août : 300 000 hommes, 64 700 chevaux, 6 600 canons et voitures, 4 400 wagons de vivres et munitions. (JACQMIN, *Les chemins de fer pendant la guerre de 1870-71.*)

TROUPES		DISTRICTS DE RECRUTEMENT
3° Transportées à Lemberg (11 au 12 mai).	4ᵉ corps (incomplet)	Vénétie, Hongrie, Siebenbürgen.
4° Transportées à Vienne (13 au 15 mai)	2 brig. du 2ᵉ corps.	Haute-Autriche, Hongrie, Galicie.
5° Transportées en Moravie (20 mai au 9 juin). . . .	6ᵉ corps et quartier général (à Olmütz). . . . . . Complément du 10ᵉ corps (à Brünn). Complément du 8ᵉ corps (à Lundenburg). . . . . . Renforts du 1ᵉʳ corps . . . . . . Artillerie de réserve d'armée. . Troupes techniq. .	»
6°Transportées (du 10 au 15 juin). .	17 500 hommes de renforts pour tous les corps d'armée, surtout pour les 4ᵉ, 8ᵉ, 10ᵉ	Corps ayant des régiments italiens et hongrois.

Comme dispositions prises, ajoutons que fut donné, le 15 mai, l'ordre de mettre en état de défense la position de Florisdorf devant Vienne. Mais, comme l'étude n'avait pas été faite en temps de paix, les travaux se seraient trouvés insuffisants si l'armistice n'était venu arrêter les opérations.

XXXV

POSSIBILITÉ D'UNE CONCENTRATION
EN BOHÊME

Le rassemblement en Moravie s'effectuait d'après un projet basé sur quatorze jours de retard dans la mobilisation. En raison de l'*avance actuelle,* ne valait-il pas mieux se concentrer en Bohême ?

La *Relation autrichienne* dit à ce sujet :

« Avec des dispositions peu différentes de celles
« prises pour la concentration en Moravie, *on aurait*
« *aussi bien pu se trouver en Bohême,* prêt à com-
« battre. »

Le colonel *von Lettow-Vorbeck* a critiqué cette remarque, qu'il trouve inexacte :

« Les 3ᵉ, 8ᵉ corps et autres troupes atteignant la
« Moravie à pied (du 2 au 10 juin, étaient encore à
« leur arrivée dans cette région à sept ou douze éta-
« pes de l'Elbe supérieur : il fallait donc *plus d'une*
« *semaine* (à partir du 10) pour amener en Bohême
« la partie principale de l'armée de Moravie. »

Il semble qu'il fallait moins de temps en combinant judicieusement les transports et les marches; *on pouvait, par exemple, opérer ainsi* [1] :

A partir du :

9 mai : embarquer les deux brigades de Moravie (dirigées sur Kœniginhof),

11 mai : pousser le reste du 2ᵉ corps et le 4ᵉ (incomplet) jusqu'à Kœniginhof—Schurz,

15 mai : commencer le ravitaillement par voie ferrée,

18 mai : commencer le renforcement,

20 mai : transporter les 6ᵉ et 10ᵉ corps (vers Josephstadt),

28 mai : transporter l'artillerie d'armée,

31 mai : pousser de Brünn le 3ᵉ corps sur Joseph stadt (étapes augmentées avant l'embarquement),

2 juin : pousser de Lundenburg (*via* Olmütz) le 8ᵉ corps sur le même point.

Dès les premiers jours de juin on avait donc en Bohême une partie très importante des forces autrichiennes; les dernières troupes des 3ᵉ et 8ᵉ corps atteignaient à pied la voie ferrée les 7 et 8, la cavalerie pendant ce temps s'avançait par voie de terre : *l'armée se trouvait le 9 juin en Bohême,* où arrivaient *les renforts du 10 au 15.*

---

1. Voir la note de la page 116. En 1870, la Compagnie du Nord expédia, du 5 au 8 septembre, d'Hirson à Paris, le corps Vinoy fort de 43 000 hommes, 13 500 chevaux, 275 canons ou voitures. (JACQMIN.)

Or les opérations prussiennes ne commencèrent que le 23.

Moltke aurait pu le 5 juin (transport de sept corps et demi terminé) obtenir d'entamer l'offensive, mais *la IIe armée seule était apte à agir à bref délai. Le 9* Benedek se fût trouvé assez fort *pour écraser cette armée* (V^e, VIe corps et peut-être Ier) ; *il marchait ensuite contre Frédéric-Charles,* en Prusse ou en Bohême, avec le prestige d'un premier triomphe !...

XXXVI

CONCENTRATION PRÉALABLE

L'armée autrichienne était très dispersée, occupant la vaste zone comprise entre les voies ferrées de Brünn et d'Olmütz (et un peu en dehors), au nord du nœud de Lundenburg, l'infanterie généralement peu éloignée des gares ([1]).

Benedek, *ayant l'intention de porter l'armée en Bohême ou éventuellement de la réunir à Olmütz,* fait *préparer* les ordres pour une *concentration préalable,* qui donnera lieu *à des mouvements absolument inutiles,* puisqu'il faudra s'allonger ensuite en colonnes de route. Les corps serrent sur les points :

<table>
<tr><td>A GAUCHE :
—</td><td>A DROITE :
—</td></tr>
<tr><td>*Par route et voie ferrée*</td><td>*Par voie ferrée*</td></tr>
<tr><td>10ᵉ Zwittau.</td><td>2ᵉ Landskron.</td></tr>
<tr><td>3ᵉ Zwitawka.</td><td>4ᵉ Müglitz.</td></tr>
<tr><td>8ᵉ Brünn.</td><td>6ᵉ Prerau ([2]).</td></tr>
</table>

Josephstadt, à 60 kilomètres de Trübau, pouvait

---

1. Carte nº 1.
2. Cavalerie et réserve d'artillerie immobiles, sauf 3ᵉ division de cavalerie de réserve, qui va de Wischau à Neustadt et Sternberg.

être atteint seulement : par une avant-garde d'un ·
corps d'armée en trois jours, par deux corps (2ᵉ et
4ᵉ) en quatre jours, mais déjà le flanc droit serait
menacé d'une attaque issue de la pointe du pays de
Glatz.

Le généralissime, réfléchissant aux entreprises
possibles de l'adversaire, a dû envisager cette éventualité et craindre de se voir devancé à Josephstadt.
Aussi veut-il être « *prêt à tout instant au combat* »,
mais on verra combien il se trompe dans la manière
d'atteindre ce but.

Josephstadt ne jouissait pas d'ailleurs de propriétés
particulières : d'autres positions pouvaient se prendre
plus au sud, vers Kœniggraetz par exemple ; Benedek
négligea en tous cas l'indispensable : *jeter par voie
ferrée des brigades aux débouchés de Skalitz, Eipel,
Nachod.*

Le 15 matin, Benedek se rendit auprès des 2ᵉ et
3ᵉ divisions de cavalerie de réserve (Kremsier et
Wischau) pour les inspecter. Qu'il était loin de
prévoir combien vite allaient marcher les événements !

Le 16 juin (9ʰ 30 matin), en rentrant à son quartier
général, il reçoit de l'Empereur ce télégramme :

« Les incidents d'Allemagne rendent *désirable et*
« *pressant* le commencement des opérations. Les
« intérêts militaires passant avant tout, fixez vous-
« même le départ de l'armée. »

Il lance alors (midi) les Instructions préparées pour la *concentration initiale* et répond :

Olmütz, 1ʰ 3o soir.

« J'ai prescrit la concentration, qui sera terminée « le 20.

« L'armée sera ensuite prête à combattre *dans onze* « *jours à Josephstadt,* si la masse principale ennemie « se trouve encore à Gœrlitz — Landeshut, *dans quatre* « *jours à Olmütz,* si cette masse est en Haute-Silésie, « où l'annoncent les plus récentes nouvelles. »

Puis il écrit au premier aide de camp de l'Empereur :

« Dès que la réunion de la masse principale entre « Gœrlitz et Landeshut fut certaine (¹), je pris la « décision de porter l'armée de Moravie en Bohême « dans la région Josephstadt — Kœniginhof — Miletin, « pour y *offrir la bataille à l'ennemi* ou prendre *de* « *là* l'offensive si les circonstances sont favorables.

« Ce mouvement prendra *treize jours,* mais *dès le* « *onzième* les forces arrivées à Josephstadt seront « assez considérables pour engager une bataille.

« Dans cette marche de flanc on tiendra avant « tout les grandes unités peu distantes, *pour être à* « *chaque instant prêt au combat.*

---

1. Benedek est alors très bien renseigné, car cette réunion résulte de l'ordre du 12 et sera terminée le 18.

« La décision était déjà prise, lorsque des mouve-
« ments de l'ennemi vers la Haute-Silésie ont attiré
« mon attention de ce côté (¹).

« Si donc l'ennemi y prend position, je me con-
« centre à Olmütz et agis suivant les circonstances :
« il n'y a pas autre chose à faire; une position à
« Josephstadt serait alors risquée.

« Les troupes de Clam-Gallas, après leur réunion
« avec le corps saxon, ont l'ordre de n'opposer à
« l'ennemi que *la résistance juste nécessaire* et de
« s'efforcer *avant tout de rejoindre mon armée prin-*
« *cipale.* »

Que cette décision va subir de *fluctuations!*

« Je dispose maintenant d'environ 153 000 fantas-
« sins, tandis que l'adversaire en compte 200 000.
« La situation se présentera tout autre, si la réunion
« prévue avec nos alliés du Sud s'accomplit. Déjà
« celle des *Saxons* a un peu amélioré l'état des
« choses : ce sera mieux encore quand la jonction
« des *Bavarois* sera certaine.

« Si elle se produit, mon intention ferme est de
« prendre, toutes forces réunies, l'*offensive hors de*
« *Bohême* contre un ennemi à peu près égal en
« nombre et de rechercher sa masse principale : *je*
« *crois pouvoir compter alors sur la victoire.* »

---

1. Mouvements de la IIᵉ armée vers Neisse.

La jonction des Bavarois ne devait pas avoir lieu, ce qui coupa toute idée d'une offensive, d'ailleurs impossible avec *la méthode de guerre qu'a déjà révélée la concentration préalable.*

Quant à l'infériorité numérique dont se plaint Benedek, voici la comparaison des forces en présence :

Prussiens

	HOMMES	
Frédéric-Charles (y compris la partie active de l'armée de l'Elbe)	150 000	} 265 000
Prince royal.	115 000	

Autrichiens

1er corps et Saxons.	55 000	} 270 000
Armée principale	215 000	

Les Prussiens ont la supériorité du *fusil à aiguille* et du *commandement,* mais les chiffres 215 000 et 270 000, comparés à 115 000 et 150 000, montrent combien était redoutable pour eux une manœuvre autrichienne par lignes intérieures.

SITUATION DE BENEDEK

Ainsi le généralissime veut *voir venir.* Pour s'avancer contre une invasion issue de Gœrlitz, la masse de Neisse le gêne; il craint de découvrir Vienne, d'en être coupé; aussi gagne-t-il ou plutôt perd-il un temps précieux au sud de *Trübau,* à l'affût des nouvelles. Que ne se concentrait-il plus près de la frontière, *autour de cette localité,* prêt à s'élancer dans la direction nord-est, nord ou nord-ouest?

Pour atteindre une position à Josephstadt, il eût fallu être sûr de ne rien risquer du côté des montagnes de Neisse ou de Glatz, mais comment le savoir? Pouvait-on surtout prendre avec tranquillité une *tangente* vers Münchengrætz? et si on le faisait, pourquoi avoir gagné Josephstadt, au lieu de pointer droit sur l'Iser par Pardubitz et Neu-Kolin?

A cette dernière ligne d'opérations manquait, il est vrai, une ligne ferrée (comme celle existant aujourd'hui Iglau—Neu-Kolin) : l'Autriche aurait dû construire, en vue de la guerre, une voie de fer commerciale intermédiaire entre celles excentriques aboutissant à Prague et passant par Brünn ou Olmütz.

La constatation de l'attente pleine de dangers

amenait à préconiser une autre solution : renoncer à dépendre de l'ennemi et *agir comme l'éclair,* c'est-à-dire prendre *une vigoureuse offensive par la région de Neisse.*

Cette petite place est à 43 kilomètres de Brieg, point de la ligne ferrée de ravitaillement Ratibor—Oppeln. Était ainsi menacée de près une grande ville ouverte, Breslau, capitale de la Silésie prussienne.

Opérant avec la totalité des forces autrichiennes (moins les deux corps de l'Iser), n'avait-on pas beaucoup de chances d'écraser ou de mettre hors de cause pour quelque temps l'armée de Neisse (quatre corps, Garde comprise, trois corps si le Ier s'était déjà détaché) ?

L'armée de Frédéric-Charles arrivait alors à marches forcées de Gœrlitz, talonnée par les corps de l'Iser, et livrait bataille dans de mauvaises conditions sur un des affluents de gauche de l'Oder.

C'est bien du reste cette offensive que Moltke redoutait le plus, quand il envoyait, le 12, la IIe armée vers Neisse.

Il faut dire que le danger pouvait être paré par le Prince royal : trop faible pour résister avec ses trois ou quatre corps, sa conduite était indiquée : *retraiter* lentement vers l'armée de Gœrlitz, n'engageant que des arrière-gardes. Mais il eût peut-être voulu couvrir Breslau et il n'était pas impossible, avec de l'habileté, de le forcer à livrer bataille.

D'après ce qui précède, on trouve de toutes fa-

çons *la situation de Benedek fort difficile* : il héritait
des erreurs de l'Autriche, qui n'avait pas préparé
une campagne, cependant prévue.

L'état-major aurait dû étudier sa frontière et en
diminuer les inconvénients *par un sobre emploi de
la fortification*. Devaient être barrés les défilés des
Sudètes : il fallait des forts d'arrêt aux pyles de
Trautenau, Eipel et Nachod.

Comme il n'y avait pour une armée autrichienne
aucune sûreté à aller passer l'Elbe à peu de distance
de Nachod, on eût *supprimé les petites places de
Josephstadt et Kœniggrætz,* tandis qu'une tète de
pont semblait justifiée à Pardubitz.

LE 17 JUIN

Un aide de camp de l'Empereur apporte à Benedek ce renseignement :

« Le gros de l'armée prussienne se trouve toujours
« à Gœrlitz—Landeshut ; les mouvements des Ve
« et VIe corps vers l'est sont *peut-être des démons-*
« *trations* pour nous tromper. »

Cette nouvelle, suivant la *Relation* autrichienne,
décide Benedek à se porter en Bohême.
Il rend compte le jour même :

« L'envoyé de Sa Majesté m'ayant affirmé que,
« d'après le Bureau des renseignements, la *force*
« *principale se trouve à Gœrlitz,* je décide le départ
« suivant les vues que j'ai exposées hier : les têtes
« de l'armée arriveront du 25 au 27 à *Josephstadt.* »

On a voulu faire retomber sur l'Empereur la responsabilité d'un mouvement qui a conduit à un immense
mense désastre, mais on doit, en toute équité, remarquer qu'il se bornait à *désirer le commencement des*
opérations : vœu bien naturel, car Benedek semblait

vouloir s'immobiliser indéfiniment à Brünn—Olmütz.
Ce n'est pas l'Empereur qui avait projeté la marche
sur Josephstadt ; laissant le généralissime libre de
ses évolutions, il pouvait bien faire remarquer qu'à
la veille de l'invasion de la Saxe et de la Bohême, il
était temps que la queue de l'armée ne touchât plus
la Basse-Autriche.

Faites quelque chose ! a-t-on demandé à Benedek, qui a peut-être quitté Olmütz malgré lui, mais
est parti librement pour Josephstadt.

Quelle est *la répercussion* de cette décision *en ce
qui concerne les troupes de l'Iser ?*

Dans sa lettre du 16, 1ʰ 30 soir, Benedek a dit à
l'Empereur :

« Les troupes de Clam-Gallas, après leur réunion
« avec le corps saxon, ont l'ordre de n'opposer à
« l'ennemi que *la résistance juste nécessaire* et de
« s'efforcer *avant tout* de rejoindre mon armée prin-
« cipale (à Josephstadt). »

L'ordre envoyé le 17 au prince de Saxe reproduit
avec une nuance cette indication du généralissime :

« Quand j'occuperai la position de Josephstadt,
« les troupes de l'Iser, *si elles sont forcées à la re-
« traite,* l'effectueront sur Miletin. »

C'est le commencement de fluctuations journalières,
qui vont amener la ruine du 1ᵉʳ corps et des Saxons.

Voici maintenant les instructions de Benedek :

ORDRE DE L'ARMÉE

Olmütz, le 17 juin.

« La force ennemie principale est entre Gœrlitz
« et Landeshut : VIᵉ corps près de Glatz, Vᵉ à
« Neisse ([1]).

« L'armée va *prendre position à Josephstadt* ([2]).

« Ce mouvement de flanc sera couvert par le
« 2ᵉ corps (qui fera tenir Gabel, Grülich, Rotwasser)
« et par la 2ᵉ division de cavalerie légère.

« La 1ʳᵉ division de cavalerie de réserve, marchant
« en tête de la colonne d'aile droite, se couvre (en
« dépassant le 2ᵉ corps) en avant et sur les flancs ;
« les corps 4, 6 et 10 ont une flanc-garde mobile, à
« droite, d'une brigade avec cavalerie.

« Les trains utiliseront autant que possible *les*
« *chemins parallèles.*

« L'armée doit *à tout moment être prête au com-*
« *bat : elle est organisée dans ce but* (?). Il est absolu-
« ment nécessaire que chaque fraction reste en liai-
« son intime avec ses voisines.

« Le quartier général sera le 22 à Trübau. »

Remarquons de suite *qu'on ne trouva pas de*

---

1. Le 1ᵉʳ corps et la Garde sont vraisemblablement supposés à
l'armée principale.

2. Un tableau de marches était annexé (extrait au paragraphe
suivant).

chemins parallèles : nous constaterons tout à l'heure les conséquences de cette ignorance du pays et de l'insuffisance des cartes, c'est-à-dire du manque de préparation des Autrichiens.

Quant à l'alinéa : « Elle est organisée dans ce but », on verra aussi combien était grande, à ce sujet, l'erreur de Benedek.

XXXIX

MARCHE SUR JOSEPHSTADT

L'extrait suivant du Tableau de marches indique
le dispositif (carte nᵒ 1).

	TROUPES	BUT DE LA MARCHE
	Passage à Opocno	
1ʳᵉ colonne (droite), par Opocno . . .	1ʳᵉ division de cavalerie de réserve, 23 juin . .	Bürglitz.
	10ᵉ corps, 24 juin	Idem.
	4ᵉ corps, 25 juin	Kœniginhof.
	6ᵉ corps, 26 juin	Schurz.
	2ᵉ corps, 28 juin	Josephstadt.
	2ᵉ division de cavalerie légère, 28 juin	Idem.
	Passage à Wamberg	
2ᵉ colonne, par Wamberg	3ᵉ corps, 24 juin . . . :	Miletin.
	8ᵉ corps, 25 juin	Horenowes.
	Quartier général de l'armée (en partie), 26 juin.	Josephstadt.
	3ᵉ division de cavalerie de réserve, 27 juin . .	Smiritz.
	Passage à Leitomyschl	
3ᵉ colonne, par Leitomyschl-Kœniggrætz	2ᵉ division de cavalerie de réserve, 25 juin. . . .	Milowitz.
	Artillerie de rés., 26 juin.	Josephstadt.
4ᵉ et 5ᵉ colonnes, par Hlimsno et Saar . .	Parc de munitions, 26 juin.	Kœniggrætz.
6ᵉ Voie ferrée	Quartier général de l'armée (en partie), troupes techniques (3 bataillons du génie, 8 équipages de pont) et ravitaillement en vivres.	

Ce tableau suggère quelques réflexions :

1° Ce qui frappe d'abord, c'est la marche de *quatre corps et deux divisions de cavalerie sur la même route.*

Quelle idée fausse de croire qu'on était ainsi « prêt au combat à tout instant » ! Benedek n'avait pas de notions plus nettes que *Bazaine* sur la marche des grandes unités : qu'il devait être aisé de battre de tels généraux !

Les trains, faute de chemins parallèles, durent prendre les grandes routes; il en résulta que, quelques heures après la rupture, *la tête de chaque corps vint se buter aux trains du précédent.* Aussi, dans un parcours de 20 kilomètres, la plupart des troupes restèrent en marche douze heures, au lieu de cinq, ainsi qu'on l'avait pensé naïvement! C'est comme dans la marche de l'armée française sur *Rezonville.*

Cela se renouvelant plusieurs fois de suite, sans séjour, *on épuisa l'armée* en efforts stériles.

2° Autre conséquence : le ravitaillement se fit mal; les vivres manquèrent. Et cependant jusqu'à Trübau on suivait des voies ferrées! Se déprimaient ainsi *les forces physiques et morales* de l'armée.

3° On aurait atteint Josephstadt sans fatigue *en wagon;* nous avons déjà vu l'intérêt militaire de cette disposition, surtout en ce qui concerne les brigades de couverture.

4° A la colonne de droite, pourquoi les *2ᵉ et 4ᵉ corps* ne prennent-ils pas la tête? pourquoi n'est-ce pas le 2ᵉ (au lieu du 4ᵉ) qui a pour objectif Kœniginhof ? qu'il semble étrange de voir marcher le 4ᵉ corps après le 10ᵉ !

En laissant de côté la cavalerie, qui devait prendre de l'avance et dégager les routes, les corps auraient pu se disposer ainsi :

2ᵉ corps, avant-garde générale (partant de suite) : par Wamberg ;

4ᵉ et 6ᵉ corps : route d'Opocno ;

10ᵉ corps et réserve d'artillerie : route de Wamberg ;

3ᵉ et 8ᵉ corps : itinéraire Brünn, Oels, Leitomyschl ;

Parcs et convois : routes plus à gauche.

L'armée (sauf 8ᵉ corps et réserve générale) arrivait ainsi sur ses positions *en sept jours.*

Il eût fallu *moins encore* avec un rassemblement plus rationnel : ainsi le 8ᵉ corps, stationnant trop au sud, devait se trouver entre les 2ᵉ et 10ᵉ ou à Prerau-Kremsier (le 6ᵉ étant à Olmütz).

5° Que dire de la concentration préalable avant la mise en branle de l'armée vers Josephstadt ? On voit avec surprise, par exemple, le 8ᵉ corps employer deux journées entières à se concentrer à Brünn (18 et 19).

6° Si Benedek avait confiance aux renseignements que lui donnait l'Empereur, il devait, renonçant à toute idée de concentration éventuelle à Olmütz, ou prendre *l'offensive* par la Haute-Silésie ou se porter *directement* sur l'Iser.

S'il doutait des nouvelles venues de Vienne, il devait lancer sa couverture aux défilés et se concentrer autour de Trübau, prêt à se porter de là au nord par les routes que nous connaissons ou au nord-ouest par les suivantes (¹) :

Zwittau, Skutsch, Tschaslau, Neu-Kolin;

Leitomyschl, Hohenmauth, Pardubitz;

Wildenschwert, Sezemist, Chlumetz; etc.

En somme Benedek fut probablement le 17 *trop esclave* des ordres *préparés* le 12 par son état-major.

---

1. Carte n° 1.

XL

SUITE DE LA MARCHE SUR JOSEPHSTADT

Benedek s'écrie en apprenant le 18 qu'on ne doit plus compter sur les Bavarois :

« De ces gens-là je n'attendais rien de bon ! »

Il ne modifie pas d'ailleurs son projet d'opérations ni le dispositif de marche.

Le 20 soir, il envoie des ordres pour hâter le mouvement et change un peu les terminus : *la position Josephstadt—Schurz—Kœniginhof—Horic* (¹) aura cinq corps et les divisions de cavalerie, moins une, celle-ci et le 8ᵉ corps en réserve générale à Horenowes ; le front Kœniginhof—Schurz, auparavant inoccupé encore le 26, recevra deux corps les 24 et 25 ; toute l'armée sera en place le 29, ainsi couverte (²) :

Dragons Windischgrätz, entre Starkenbach et Trautenau ;

1ʳᵉ division de cavalerie de réserve, à Skalitz (détachements à Kosteletz, Nachod, Neustadt, etc.) ;

---

1. Figure 4 (p. 138).
2. Carte n° 1.

2e division de cavalerie de réserve, à Josena (détachements à Opocno et Solnitz) ;

Une brigade du 4e corps (Kœniginhof), poussée le 27 entre Arnau et Falgendorf ;

CORPS AUTRICHIENS LE 28 SOIR

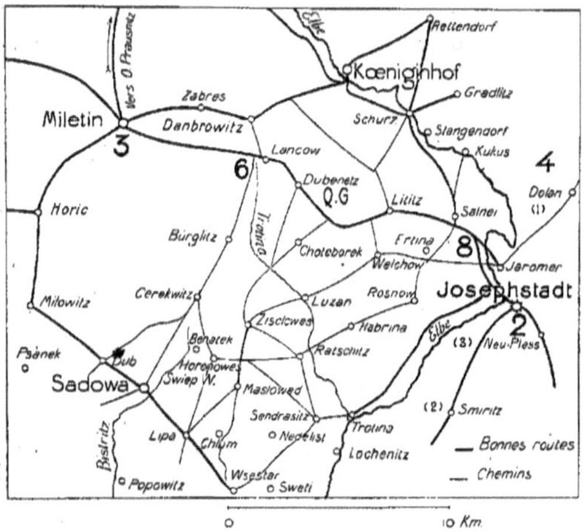

Les Nos entre parenthèses indiquent les divisions de cavalerie de réserve

Fig. 4.

Une brigade du 10e corps (entre Kœniginhof et Schurz), poussée le 26 à Praussnitz-Kaile.

Cette modification est la conséquence des dernières nouvelles : *le Bureau des renseignements* autrichien a surpris des télégrammes échangés entre divers commandants de corps d'armée prussiens. On en a conclu qu'outre les Ve et VIe corps, il y avait à Neisse le Ier corps et la Ire division de cavalerie ; les mouvements de quelques unités le 20 semblaient indiquer aussi que l'armée de Silésie marchait, au moins en partie, vers les défilés voisins.

Quel est le contre-coup pour les troupes de l'Iser ?

Le prince de Saxe avait demandé, de concert avec Clam-Gallas, à se porter sur Chlumetz par la voie ferrée Aussig—Prague—Neu-Kolin ([1]). Le 20 après-midi (avant l'envoi des ordres par conséquent), ce transport est autorisé, mais le soir on revient aux idées antérieures : ne battre en retraite que si l'on y est forcé.

Lorsque la grande séparation des forces prussiennes fut connue, dut surgir *la pensée d'offensive* contre l'une d'elles.

Mais laquelle ? Il se présentait une occasion inespérée à saisir : il fallait tomber *sur l'ennemi le plus proche*. Napoléon aurait-il hésité ?

Benedek « attend *les circonstances* pour décider contre qui il se tournera d'abord » ; il penche même toujours du côté de la solution du mouvement vers l'Iser.

Il était naturel que, dans tous les cas, il conser-

---

[1]. Carte n° 1.

vât sa couverture sur cette rivière, mais *il oublia de la prévenir* de sa nouvelle conception (c'est probablement une faute de son état-major).

La déclaration de guerre fut communiquée aux avant-postes autrichiens et parvint le 21 au quartier général d'Olmütz.

CINQUIÈME PARTIE

PRUSSIENS

DU 16 AU 29 JUIN

DU 16 AU 22 JUIN

La guerre est déclarée dans la nuit du 15 au 16 juin.

En ce moment les pourparlers militaires avec l'Italie marchent mal, car Moltke écrit le 15 :

« J'ai vu avec peine que nous n'avions pas « grand'chose à espérer d'une coopération avec « l'Italie. Il est singulier qu'on ne comprenne pas « à Florence combien il sera de toute évidence plus « aisé de s'emparer du quadrilatère en battant les « Autrichiens en rase campagne qu'en mettant le « siège devant les places. »

Le 16, l'armée de l'Elbe entre en Saxe, tandis que les Saxons, refusant la lutte, se retirent par Pirna ([1]) ; le 18, elle traverse Dresde, qui va devenir *place du moment* ([2]).

Dans la nuit du 18 au 19, Moltke envoie ce curieux télégramme :

Berlin, 19 juin, minuit 5.

« Sommes sans nouvelles. Herwarth est-il arrivé

---

1. Carte n° 1.
2. Ordre du 21. — Cette organisation n'avait pas été prévue.

« à Dresde? où sont les Saxons? Les Autrichiens
« ont-ils fait leur jonction avec eux? »

Il lui est répondu que le roi avait été télégraphiquement informé le 18 soir de Dresde, et qu'on n'a
rencontré ni Saxons ni Autrichiens (!).

Le 19, l'exécution des ordres du 10 est terminée (¹), et le *Grand état-major apprend que Benedek
commence à se porter en Bohême* (²). Moltke envoie
alors ce télégramme :

Au commandant en chef de la IIe armée.

Berlin, 19 juin.

« Ordre de prendre l'offensive générale sur la
« Bohême. Mettre le Ier corps en marche sur Lan-
« deshut demain 20. Laisser un corps à Neisse.
« Vous recevrez ordre écrit demain. »

Cet ordre est le suivant :

Au commandant en chef de la IIe armée.

Berlin, 19 juin.

« L'armée saxonne s'est retirée vers la Bohême.

---

1. Figure 3 (p. 73).
2. La Prusse avait des intelligences dans l'état-major et dans le
gouvernement autrichiens (général Bonnal). La situation, au point
de vue des renseignements, s'était bien améliorée depuis le mois de

« Tous les renseignements confirment que les 1er et
« 2e corps autrichiens sont établis de part et d'autre
« de l'Elbe dans le voisinage immédiat de la fron-
« tière de Saxe, que le 3e marche sur Pardubitz et le
« 8e sur Brünn. Le 4e corps semble se porter *éga-*
« *lement vers l'ouest.*

« Tout cela permet de conclure que la masse prin-
« cipale des forces ennemies se *concentre en Bo-*
« *hême.*

« La volonté de S. M. le roi est que la *Ire armée*
« prenne l'offensive *avant que* cette concentration soit
« un fait accompli.

« Le général *von Herwarth* a reçu l'ordre de ne
« laisser en arrière qu'une division et de se porter
« demain 20 dans la direction de Stolpen, pour join-
« dre l'aile droite de la Ire armée.

« *Il sera mis sous les ordres de S. A. R. le prince*
« *Frédéric-Charles.*

« *La Ire armée* entamera alors immédiatement son
« mouvement en avant, sa gauche appuyée aux mon-
« tagnes.

« Bien que ce mouvement soit de nature à dimi-
« nuer l'éloignement des deux armées, il est néces-
« saire, en présence des circonstances nouvelles et
« afin de hâter la réunion, que la *IIe armée* opère de
« façon à se rapprocher de la Ire.

---

mars. Alors le général *de Caprivi* écrivait : « Tout était à créer.
Nous avions fort peu de données sur la façon dont les unités autrichiennes seraient groupées en brigades et corps d'armée. »

« En conséquence, *le Ier corps* sera mis aussitôt en
« marche sur Landeshut, pour être en mesure, le
« cas échéant, de renforcer la Ire armée par Schrei-
« berhau ou Trautenau.

« Vous pouvez ne laisser au début qu'un seul corps
« sur la Neisse. Quant aux deux autres, vous devez
« les échelonner sur les différentes routes, à hauteur
« de Glatz et de Frankenstein, de façon que la plus
« grande partie de l'armée puisse être rassemblée
« dans le plus court délai, soit vers Landeshut, soit
« de nouveau vers Neisse, ou prendre *éventuellement*
« *l'offensive* en partant du comté de Glatz.

« *Le commandant en chef de la Ire armée a reçu*
« *copie* de la présente communication. Veuillez res-
« ter *en liaison constante* avec lui.

« Adressez *ici chaque jour* par télégraphe la si-
« tuation des corps et divisions sous vos ordres. »

Ces mouvements sont prescrits le 19 ([1]) :

Ier corps : rejoindre la Ire armée par Münsterberg — Landeshut — Hirschberg — Schreiberhau —
Wurzelsdorf. (Il y aura plus tard contre-ordre.)

V^e corps : de Grottkau sur Camenz (sud de Frankenstein).

Garde : de Brieg à Silberberg (ouest de Frankenstein).

VIe corps : de Steinau (sud-est de Neisse) à Neisse;
démonstrations sur Freywaldau.

---

1. Carte n° 1.

Divisions de cavalerie : de Strehlen à Waldenburg.

Le Ier corps devait se trouver le 25 au plus tard à Landeshut et les corps marchants de la IIe armée arriver le 24 à :

Ve corps . . . . Camenz.
Garde . . . . Silberberg.

Le 21 sont adressés ces deux télégrammes, indiquant que la machine ne marche pas sans quelques frottements (les commandants d'armée demandent de qui dépend le Ier corps et Moltke ne sait pas ce que font les deux armées) :

Au sous-chef d'état-major de la Ire armée.

Berlin, 21 juin, après-midi.

« Rendez-moi compte le plus tôt possible de la « direction dans laquelle marche la Ire armée.
« Le Ier corps appartient à la IIe armée. »

Au chef d'état-major de la IIe armée.

Berlin, 21 juin, 8ʰ 10 soir.

« Le Ier corps appartient à la IIe armée.
« Quelles sont les dispositions adoptées pour les « mouvements que ce corps doit faire, après entente « avec la Ire armée, comme il a été ordonné ? »

Des émissaires furent envoyés reconnaître les routes et chemins pour entrer en Bohême.

Dans une lettre du 21 « à son cher camarade et ami » Blumenthal, *Voigt-Rhetz* le pousse à faire agir offensivement *la IIe armée et non un seul corps,* les Autrichiens devant être bientôt édifiés sur la valeur d'une diversion aussi peu importante. Il regrette en outre que le Ier corps soit trop en retard pour le faire passer par Warmbrunn, son itinéraire par Landeshut n'étant pas assez sûr.

XLII

MOLTKE LE 22 JUIN

Quelle est l'idée directrice de ces mouvements ?
Moltke a pris trois jours pour réfléchir, car le
22 seulement il annonce aux commandants d'armée
la solution définitive, leur envoyant l'après-midi de
Berlin *ce télégramme chiffré :*

« Sa Majesté ordonne *que les armées entrent en*
« *Bohême et cherchent à se réunir vers Gitschin.*
« Le VI⁰ corps restera disponible à Neisse. »

Pourquoi Gitschin? Suivaient ces instructions explicatives :

Berlin, 22 juin.

« La direction *Gitschin* a été fixée en tenant
« compte des distances (?), de la disposition des
« routes et chemins de fer (?), ce qui ne veut pas
« dire que ce point sera atteint en toutes circons-
« tances : cela dépendra des événements.
« D'après les renseignements que nous avons ici,
« il est absolument improbable que la masse princi-
« pale des Autrichiens puisse être concentrée au
« nord de la Bohême dès les premiers jours : l'ini-

« tiative prise par nous donnera facilement occasion
« de l'attaquer, *non encore concentrée,* avec des forces
« supérieures et de poursuivre nos succès dans une
« autre direction.

« Bien que le VIe corps soit surtout destiné à la
« protection de la Silésie, l'attitude offensive ne lui
« est pas interdite : une démonstration énergique,
« sans trop tarder, partant de Neisse ou du comté
« de Glatz contre l'importante ligne ferrée de Pre-
« rau—Pardubitz, retiendra au moins un corps d'ar-
« mée ennemi éloigné de la Bohême.

« S'occuper de la sécurité ou du rétablissement
« de la voie ferrée Zittau—Reichenberg et prolon-
« gements, ainsi que des communications télégra-
« phiques, au fur et à mesure de nos progrès.

« Avoir constamment en vue la réunion de toutes
« les forces pour la décision suprème.

« Dès qu'on sera en face de l'ennemi, les comman-
« dants d'armée agiront comme ils le jugeront à
« propos, selon les exigences du moment, tenant
« toujours compte de la situation à l'armée voisine;
« une entente continue facilitera le soutien réci-
« proque. »

C'était bien de recommander initiative et entente,
mais *c'eût été mieux de diriger les armées.* Pour cela il
fallait être en communication sûre avec elles ; or nous
verrons le *télégraphe* presque constamment coupé :
le Grand quartier général devra demander à la Ire ar-

mée ce qui se passe à la IIe ! et celle-ci répondra
qu'elle n'en sait rien ! !

Une note complémentaire indiquait les points de
l'Elbe à atteindre par la IIe armée :

Ier corps	Arnau.
V^e corps	Gradlitz.
Garde	Kœniginhof.
Division de cavalerie .	Trautenau.

Le VIe corps rejoindrait plus tard par Glatz—
Landeck.

Dans l'expédition adressée à la Ire armée, il était
ajouté :

« Comme la IIe armée, bien que plus faible, aura
« la mission difficile de déboucher des montagnes,
« la Ire armée devra, dès que sa réunion avec celle
« de l'Elbe sera réalisée, s'appliquer *à abréger la*
« *crise* par un avancement rapide. »

Pourquoi alors le choix surprenant[1] de Gitschin,
plus voisin de la Ire armée [2], comme point d'orientation du rendez-vous général? On a vu tout à l'heure
Moltke donner la raison, fort obscure et inexacte :

« Cette direction a été fixée en tenant compte des
« distances, etc. »

---

1. « Pour nous, dit M. le général *Bonnal*, le chef du Grand état-
major prussien a commis une *erreur* en donnant Gitschin comme
point de réunion. »

2. De Gitschin à Gœrlitz : 100 kilomètres; à Grottkau : 160 kilomètres.

Il se contredit donc lui-même en invitant la Ire armée
à avancer vite pour ouvrir les voies à la IIe, afin de
conjurer la *crise.*

Au moment de l'envoi du télégramme de Berlin,
Moltke a dû être hypnotisé par une difficulté présu-
mée de jonction des deux fractions de Frédéric-
Charles. Nous constaterons bientôt son idée singu-
lière : *l'armée de l'Elbe dangereusement menacée* par
deux corps ennemis (1er et 2e). Il croit sans doute le
1er à Prague, les Saxons et un corps autre que le 1er
sur l'Iser, et pense l'armée autrichienne (2e corps en
tête) en cours de transport sur la ligne ferrée Pardubitz—Prague—Münchengraetz. Dans une lettre
(ci-après) à Blumenthal ([1]), on lit en effet :

> « S'il se confirme que les Autrichiens se concen-
> « trent à Jung-Bunzlau, la réunion de nos armées est
> « assurée, pourvu qu'elles se hâtent. »

Pourquoi alors *la cavalerie prussienne,* qui ne fait
rien, ne tente-t-elle pas de couper la voie ferrée ?

Cette idée de Moltke d'une concentration autrichienne vers l'ouest a dû attirer son attention de
ce côté plus que vers l'orient et faire ainsi choisir
Gitschin. Si son inspiration lui avait dicté *Kœniggraetz* ou *Sadowa,* combien le concept fondamental
de la manœuvre eût rayonné plus rationnel, plus élégant, *presque napoléonien !*

---

1. Paragraphe XLVI.

En recommandant « d'abréger la crise », on reconnaissait bien la faute capitale de la solution, le danger de tout remettre *au hasard,* de compter sur la rapidité d'un général lent et méthodique pour diminuer le temps pendant lequel on allait *trembler.* Le prince Frédéric-Charles allait se hâter lentement et tout compromettre.

Nous savons que l'accord n'existait pas dans l'entourage immédiat de Moltke : est-ce pour cela qu'il est si *loquace* le 22 juin? Il écrit dans cette journée au sous-chef d'état-major de la Ire armée (général Stülpnagel) cette lettre que nous abrégeons beaucoup :

« D'après le Tableau des marches du Ier *corps,* il
« pourra atteindre Reichenberg seulement en six
« jours. Il faut ajouter que le défilé difficile menant
« à l'Iser supérieur est retranché (?). Si nous vou-
« lons attendre aussi longtemps le renforcement
« *direct* par un de nos corps, deux de ceux ennemis
« pourront approcher dans ce même temps. Il vaut
« mieux une action *indirecte* par l'avancement offen-
« sif de la IIe armée, qu'a autorisé aujourd'hui le
« roi. Celle-ci attirera sur elle une fraction (peut-
« être trop grande) de l'ennemi. Espérons que les
« avantages de l'offensive seront en notre faveur en
« Bohême comme en Hesse, Saxe et Hanovre.
« Je pense que vous heurterez des têtes de colonnes
« et aurez l'occasion de livrer de beaux combats.

« Peut-être votre avant-garde vous annonce-t-elle
« déjà que *la concentration de tant de troupes vers
« Reichenberg ne sera pas indispensable.* Je ne crois
« pas que les Autrichiens soient très forts sur ce
« point; au contraire, j'ai *quelque souci* de voir l'ar-
« mée de l'Elbe attaquée par les *1er et 2e corps* enne-
« mis. Ne serait-il pas judicieux de la soutenir au
« moins par la 8e division, celle-ci s'arrêtant le
« temps voulu à Saint-Pankraz? Si les Autrichiens
« s'avançaient ainsi, ce serait le cas de les jeter sur
« l'Elbe et de les écraser avec des forces très supé-
« rieures.

« Par mes lettres officielles d'aujourd'hui vous
« avez vu que la direction générale *Gitschin* doit
« servir de règle, mais une règle qui pourra avoir
« des exceptions par suite d'événements. Il ne faut
« du reste pas dériver en cédant aux coups de
« vent : toutes les considérations stratégiques s'é-
« vanouissent devant cette réalité tactique : la vic-
« toire ! »

XLIII

APPRÉCIATION

Lorsque, contrairement aux principes de Napoléon, Moltke opère comme Frédéric le Grand en 1756-1757 sur le même théâtre, il encourt cette critique acerbe du colonel suisse *Lecomte,* ancien aide de camp de *Jomini :*

« Depuis qu'on a fait la guerre on avait rarement
« placé de telles masses *dans des conditions plus pi-*
« *toyables ! La célèbre bévue* des généraux autrichiens
« de 1796, s'avançant au secours de Mantoue en
« trois colonnes séparées, *bévue si bien châtiée par*
« *Bonaparte,* était certes *un chef-d'œuvre de straté-*
« *gie à côté du plan prussien de 1866 ! !* »

En somme le plan de Moltke était-il *hardi* ou *hasardeux ?*

Nous répondrons qu'il pouvait conduire à un désastre, *qu'il a failli échouer,* et que, s'il a réussi, c'est grâce à la faiblesse *invraisemblable* de l'adversaire.

Moltke en a du reste pris souvent le contre-pied dans la campagne de 1870, marchant avec un dispositif dense, sans articulations, aussi défectueux que celui de Bohême vis-à-vis d'un ennemi entreprenant et manœuvrier.

Son mérite est d'avoir su prendre une décision, comme l'a dit *Dragomirow* dès 1867 :

« Les Prussiens ont eu quelquefois des résolutions « *peu habiles,* mais ils les ont prises *sans hésiter :* « c'est pourquoi ils ont été vainqueurs. »

Dans la *Revue militaire de l'étranger* a paru cette appréciation :

« Certains auteurs ont assez vivement critiqué « le plan d'opérations du général de Moltke et fait « remarquer que le feldzeugmeister Benedek eût « pu s'opposer à la concentration en Bohême des « armées prussiennes en se portant avec toutes ses « forces réunies sur le prince Frédéric-Charles ou sur « le Prince royal.

« L'armée autrichienne *eût-elle pu* le 26 juin se « porter rapidement sur l'Iser contre la Ire armée « prussienne?

« Cette opération eût nécessité une rapidité de « marche peu compatible avec l'état d'épuisement « des troupes, provoqué par onze étapes sans repos. « L'inaction montrée par les Autrichiens du 25 au « 30 juin semble donc motivée par des raisons impé-

« ricuses, que le Grand état-major prussien pouvait,
« en partie, *escompter d'avance.* »

Demandons-nous si Moltke pouvait bien escompter
d'avance l'inaction de l'ennemi.

Dans la réalité des événements, la Ire armée atteint
l'Iser le 26 soir *sans obstacle* (ce qui est extraordinaire), force la ligne de l'Iser *presque sans coup férir*
(ce qui est stupéfiant), et s'avance *le 29 après-midi*
de Münchengraetz sur Gitschin, sans l'armée de l'Elbe
(fourbue), donc avec trois corps.

Les Autrichiens en ont deux le 25 à Kœniginhof—
Schurz, un troisième à Miletin le 27, *toute l'armée
était en ligne le 29* et, avec un jour de repos, pouvait donc continuer sur l'Iser, forte de cinq corps
(six, plus les deux de l'Iser, moins trois de couverture au maximum à l'est).

Ainsi une bataille aurait eu lieu vers Gitschin entre
trois corps prussiens et cinq autrichiens, au lieu
d'un combat à Gitschin entre trois prussiens et
moins de deux autrichiens, ceux-ci absolument sa-
crifiés.

Combien probable la victoire pour les aigles impé-
riales !

L'armée autrichienne, bien qu'ayant évidemment
trop marché, par la faute de Benedek, par suite
de sa pointe maladroite au nord, au lieu du nord-
ouest, eût livré bataille, non épuisée, après un
mouvement mieux conduit. Et Moltke *ne pouvait*

absolument pas prévoir et escompter une faute si
lourde.

Elle était du reste superbe cette armée, au moins
au passage à Trübau, où le capitaine Wersebe, de
l'état-major de Benedek, nous dira tout à l'heure son
impression ([1]).

Si le mouvement au nord, amorcé ensuite vers
Gitschin, a mal tourné, c'est que les deux corps de
l'Iser furent rejetés en piteux état sur l'armée, pendant que de l'est venait la nouvelle démoralisante de
Nachod.

Mais que la situation fût devenue autre si Benedek
n'avait pas perdu plusieurs jours à une concentration
absolument inutile ! Il serait arrivé en sept jours, au
lieu de onze, à sa tant discutable position, en moins
de jours encore avec l'emploi des voies ferrées ; il
pouvait enfin se porter *droit sur l'Iser*.

Ainsi rien n'empêchait de gagner *le 26 l'Iser rapidement,* c'est-à-dire victorieusement : ce que nous
voulions démontrer.

Mieux valait du reste, étant à Josephstadt, se jeter sur la IIe armée, très voisine : solution *la plus
rapide,* c'est-à-dire vraisemblablement la plus décisive.

La manœuvre audacieuse de 1866 semble donc
risquée.

Mais Moltke était infiniment supérieur à Benedek

---

1. Paragraphe LI.

et l'armée prussienne était plus prête à la guerre que
l'armée autrichienne, de sorte qu'on peut dire avec
von Boguslawski :

« L'enseignement à tirer de cette *expérience,* c'est
« que le succès n'est dû ni à la ligne intérieure ni à
« la ligne extérieure, mais au général en chef et à
« son armée. »

XLIV

LE 22 JUIN

La *Ire armée* effectua le 22 un *rassemblement serré*
contre la frontière. *On n'avait devant soi que les hussards Radetzky !* Le soir fut ordonnée la marche concentrique décidée le 21, mais :

« Comme on n'y prévoyait plus d'obstacle, les
« points à atteindre purent être indiqués. »

Le prince Frédéric-Charles, qui a l'organisation
divisionnaire, fait exécuter le mouvement en affectant
une route à chaque division, *se figurant le hâter ainsi,*
mais dès le 24, faute de routes assez nombreuses,
les divisions doivent marcher l'une derrière l'autre ;
alors les trains, parcs et convois de celle de tête
retardent la seconde, de sorte que le mouvement est
*plus difficile et plus long qu'avec des colonnes de corps
d'armée.*
L'ordre de marche fut en grande partie suivi jusqu'au 26.
L'*armée de l'Elbe* eut repos le 19. Dans l'après-
midi courut le bruit que l'ennemi arrivait à une
demi-journée de marche de Dresde ; *ce n'est pas la*

cavalerie qui dément cette nouvelle, mais « le représentant d'une maison de commerce de Berlin » !

Plus tard parvint l'ordre télégraphique pour la marche sur Stolpen, et aussitôt furent prises les dispositions qui firent changer le 20 juin l'orientation des trois divisions (du sud vers l'est).

Sur la seule route disponible l'avant-garde atteignit Stolpen, la 15ᵉ division Weissig (16ᵉ dans l'intervalle), la 14ᵉ Dresde.

Cette dernière, *épuisée* par les marches et ayant son équipement incomplet, ne fut pas dirigée sur la Bohême ; on la remplaça par une division de réserve, qui était du reste sans voitures de munitions !

Les 21 et 22 le mouvement continue. Comme il y avait jusqu'à Neustadt une seule route, les troupes durent réquisitionner et s'y montrèrent malhabiles. *On manqua de vivres, surtout de pain.* Un train de ravitaillement fut envoyé par la Iʳᵉ armée de Gœrlitz au magasin provisoire de l'armée de l'Elbe.

Trois nuits de bivouac, les mouvements en grosses colonnes et la forte chaleur avaient très éprouvé les hommes : le général von Herwarth décida donc de *raccourcir les prochaines marches* et rendit compte au prince Frédéric-Charles qu'il atteindrait Haida-Zwickau le 25 au lieu du 24.

La frontière fut passée le 23, sans qu'on rencontrât *nulle part l'ennemi !*

                                 11

LE 24 JUIN

Le matin, Blumenthal rédigea les Instructions suivantes, qui mériteraient mieux l'appellation de notes
explicatives et justificatives : elles sont d'autant plus
intéressantes pour nous.

Au général Steinmetz, commandant le Ve corps.

« La Ire armée marche avec 130 000 hommes sur
« Reichenberg.

« Si le Ier corps lui était envoyé comme renfort
« par Hirschberg, il arriverait trop tard.

« *Son Altesse le Prince royal décide donc de se-*
« *courir* cette armée d'une manière *indirecte,* mais très
« efficace, en faisant entrer en Bohème la IIe armée
« par Landeshut, Braunau, Nachod.

« Sa Majesté a approuvé cette marche en avant,
« mais en prescrivant que le *VIe corps* resterait en
« Silésie et irait le 26 à Glatz couvrir le flanc et nos
« derrières.

« On offre ainsi évidemment à l'ennemi *la possi-*
« *bilité de tomber sur nos armées séparées,* mais encore
« une fois *il n'y a pas autre chose à faire.*

« Si le prince Frédéric-Charles réussit à battre son
« adversaire, nous pourrons profiter brillamment de

« sa victoire ; si au contraire il doit se retirer, les
« Autrichiens ne pourront le poursuivre à cause de
« notre approche (¹).

« Le mouvement de l'armée s'exécutera d'après le
« tableau des marches, lequel fut difficile à régler
« parce qu'on a la seule route de Parschnitz (près
« Trautenau) pour le Iᵉʳ corps, la Garde et la divi-
« sion de cavalerie (²), et en raison du profil en long
« de la route de Nachod. C'est de ce dernier côté
« surtout que nous comptons rencontrer de la résis-
« tance.

« Nous devons autant que possible parvenir *le 28*
« *à la ligne Kœniginhof—Arnau* pour atteindre avec
« succès le but des opérations.

« Le Vᵉ corps peut avoir affaire près de Nachod
« à de forts détachements ennemis et la Garde est
« trop loin pour le secourir (³) : cette situation exige
« de la prudence ; aussi *une brigade du VIᵉ corps* vous
« suivra comme soutien jusqu'à Nachod (⁴).

« En arrivant sur l'Elbe, vous chercherez des
« points de passage pour marcher le lendemain sur
« *Gitschin.* »

Dans l'Instruction suivante, nous supprimons le

---

1. L'histoire a prouvé que ce dilemme est souvent en défaut.
2. Pas tout à fait exact.
3. On découvrit un autre chemin : la situation fut ainsi avantageusement modifiée.
4. Avec cavalerie et artillerie (non conforme à l'ordre royal ci-dessus).

commencement semblable aux premiers alinéas de
l'ordre envoyé à Steinmetz.

Au général Bonin, commandant le Ier corps
à Schweidnitz.

« Le Ier corps forme *l'avant-garde générale de l'ar-*
« *mée* (¹).

« Son avant-garde particulière rompra le 27 au
« point du jour, se dirigeant jusqu'auprès d'Arnau.
« Faire suivre immédiatement le gros, qui bivoua-
« quera *entre Arnau et Trautenau.*

« Le 28 le corps d'armée s'avancera sur Arnau.
« Pousser l'avant-garde autant que possible vers Neu-
« Paka, reconnaître l'Elbe, préparer les passages à
« exécuter le lendemain.

« Tâcher d'obtenir le 27 ou le 28 *la liaison avec*
« *la Ire armée*, qui s'avance vraisemblablement par
« Eisenbrod et Turnau.

« Les trains resteront le 27 à Schatzlar et Liebau.

« S'empresser de rétablir la ligne télégraphique
« Liebau—Trautenau.

« La *Garde*, en relation immédiate avec le Ier corps,
« marche par Qualisch et Parschnitz sur Eipel (²), et
« doit pousser dans la direction de Kœniginhof une
« petite avant-garde, qui conservera la liaison avec

---

1. On sent que Blumenthal a étudié Napoléon, mais cette appellation est tout à fait inexacte.
2. La 2e division aura un autre itinéraire.

« le Ier corps. Ses trains restent le 27 à Friedland.
« Le 28 elle marche sur Kœniginhof et y bivouaque,
« poussant une avant-garde sur Miletin.

« La division de cavalerie se rend le 27 à Liebau
« et Schœnberg et le 28 va par Trautenau bivoua-
« quer à Rettendorf.

« Quartier général de l'armée le 25 à Eckelsdorf
« (près Neurode), le 26 à Braunau. »

(Suivaient des renseignements sur le Ier corps.)

Combien la réalité allait être différente de ces prévisions optimistes !

Nous ne connaissons pas l'ordre donné à la Garde,
mais voici celui du VIe corps :

Au général Mutius, commandant le VIe corps.

« L'armée commence demain sa marche dans la
« montagne. Pour la couvrir sur le flanc et les der-
« rières, le VIe corps ira dans le comté de Glatz pren-
« dre position face au sud.

« La brigade d'infanterie (avec un régiment de
« cavalerie et deux batteries), qui a reçu l'ordre télé-
« graphique de marcher aujourd'hui même sur
« Patschkau, ira le 25 à Glatz, le 26 à Reinerz,
« pour former d'abord l'avant-garde de Steinmetz ;
« elle le suivra ensuite jusqu'à Nachod, couvrant les
« derrières et le flanc gauche s'il s'avance sur Kœni-
« ginhof.

« Le reste du VIe corps ira le 25 à Patschkau, le
« 26 à Glatz, le 27 éventuellement à Habelschwerdt,
« pour empêcher un mouvement des forces ennemies
« de Mittenwald.

« En cas de succès de l'armée en Bohême, le
« VIe corps s'avancera par Septemberg sur Wil-
« denschwert, afin de détruire les ponts de chemin
« de fer. »

Blumenthal, rendant compte à Moltke l'après-midi,
ajoute :

« Dieu veuille que nous ne trouvions pas trop de
« résistance à *Trautenau*, car je suis *tourmenté* à
« l'idée de voir le Ier corps rejeté sur la Garde. Mais
« on ne peut agir autrement. *Qui veut faire de grandes*
« *choses doit beaucoup oser !*
« Steinmetz aura peut-être à soutenir un rude com-
« bat à *Nachod,* mais je le crois *à hauteur.*
« Le plus difficile est le déplacement de la ligne
« de communications vers Schweidnitz : nous serons
« quelques jours sans convoi, mais nous portons
« trois jours de vivres. »

XLVI

LE 25 JUIN

La Ire armée et l'armée de l'Elbe marchent sur
Liebenau—Hühnerwasser.

Blumenthal reçoit cette note de Moltke :

24, soir.

« *Steinmetz* aura une mission difficile; quant à *la*
« *Garde, elle devra assurer la prise de Nachod.*

« Surtout que l'exécution soit correcte et bien
« réglée !

« Les renseignements n'arrivent pas, malgré toute
« notre peine. S'il se confirme que les Autrichiens
« se concentrent à Jung-Bunzlau, la réunion de nos
« armées serait assurée, *pourvu qu'elles se hâtent.*

« Un grand événement est imminent ! »

Le *Ier corps* arriva dans la journée à Liebau-
Schœnberg, la division de cavalerie à Waldenburg(¹).

Il y a lieu de remarquer ici un fait d'importance
capitale : on a reçu d'un touriste, très familiarisé
avec la région, l'avis de l'existence d'un deuxième
chemin vers Eipel. En conséquence la *Garde* reçut

---

1. Carte nº 1.

l'ordre d'avancer sa 2ᵉ division sur Politz et Hronov(¹), pour pouvoir porter secours à Steinmetz ou marcher ensuite par Kosteletz sur Eipel.

Fig. 5.

Au *VIᵉ corps* fut envoyée, à 10 heures du soir, cette instruction :

« Commè le Vᵉ corps trouvera vraisemblablement

---

1. Figure 5.

« le 27 une forte résistance à Nachod, des démons-
« trations d'Habelschwerdt vers Mittelwald parais-
« sent indiquées pour attirer des forces ennemies.
« Ne pas traverser la frontière et revenir à Habel-
« schwerdt. »

XLVII

LE 26 JUIN

L'avant-garde de la *Ire armée* (8e division) se heurte à *Liebenau* à des avant-postes ennemis.

Celle de l'*armée de l'Elbe* attaque à *Hühnerwasser* un détachement qu'elle rejette sur Münchengrætz.

Ainsi, entre Hühnerwasser—Liebenau et la frontière, les Autrichiens ont laissé l'ennemi s'avancer *sans lui disputer une profondeur de 3o kilomètres de pays montagneux !*

Et ils ne tiennent pas davantage à Hühnerwasser et Liebenau !

Ce que voyant, Frédéric-Charles envoie le soir même la 7e division sur Turnau, la 8e se dirigeant un peu au sud (sur Preper).

Turnau était inoccupé ! Les Prussiens rétablissent le pont et s'installent dans la ville.

Quatre bataillons de la 8e division livrent le *combat de nuit de Podol* (11 heures à 1 heure).

Les Prussiens, sans un instant de retard, presque sans coup férir, disposent ainsi de deux ponts ! et menacent l'aile droite de la position de Clam-Gallas à Münchengrætz !

Déjà l'Iser peut être considéré comme perdu !!

A la *IIe armée* le quartier général vint le 26 à Braunau.

Le *Ier corps* resta à Liebau—Schœnberg.

Comme on pensait ce jour-là que la Garde se heurterait à l'ennemi, le Ier corps envoya vers cette grande unité un détachement mixte de sa 2e division à Merkelsdorf(1) : n'y ayant rencontré que quelques dragons autrichiens, on revint le soir à Schœnberg.

La Garde passa la frontière. Sa 1re division atteignit Dittersbach—Wekelsdorf, la 2e Pickau—Politz (2).

Elles s'avançaient ainsi séparées, respectivement par Qualisch et Hronow, pour être en mesure de soutenir les corps d'ailes suivant les circonstances.

De Politz furent repoussés deux pelotons (uhlans Maximilien et dragons Windischgrætz).

Sur l'ennemi on était en pleine incertitude et insécurité !

Dans la soirée du 26, on se rendit compte qu'*immédiatement devant l'armée* se trouvaient des forces ennemies *relativement faibles* ; Blumenthal expédiait à Moltke une note concluant ainsi :

« L'ennemi dispose contre la Ire armée du
« 1er corps et des Saxons et au maximum de deux
« des corps 3, 8 ou 10 ; à la pointe sud du pays de

—————

1. 3 bataillons, 2 escadrons, 1 batterie (dépêche de Blumenthal arrivée à 4 heures du matin).
2. Figure 5 (p. 168).

« Glatz se trouve le 2ᵉ, derrière lui les 4ᵉ et 6ᵉ; en-
« fin un corps est encore au sud de Brünn.

 « *Le maintien de notre VIᵉ corps à Neisse paraît*
« *donc sans objet;* il serait pressant, devant la con-
« centration autrichienne, qu'il entrât en scène
« *offensivement.* »

Du *Vᵉ corps* (Steinmetz) le Prince royal n'avait le
26 soir *aucune nouvelle.* Son gros atteignait Reinerz
(avant-garde : Lewin et Gellenau). *Le commandant
de la division de tête décide l'après-midi d'enlever le
débouché du défilé,* qui semblait faiblement occupé.
C'est le *prélude du combat de Nachod.*

Le *VIᵉ corps* arriva à Landeck et Glatz. La brigade (avec un régiment de dragons et deux batteries), mise sous les ordres de Steinmetz, parvint à
Alt-Heyde et Neu-Wilmsdorf, d'où la cavalerie
s'avança le soir jusqu'au gros du Vᵉ corps.

XLVIII

LE 27 JUIN

Frédéric-Charles, au lieu de foncer par la trouée de Turnau—Podol, tombée entre ses mains par une chance merveilleuse, *prépare une bataille de Münchengrætz* et emploie toute la journée du 27 à concentrer son armée pour attaquer le 28!

Six divisions doivent opérer concentriquement contre la position ennemie, trois formant réserve.

Dans cette journée du 27 sont livrés les combats de *Trautenau* (¹) et de *Nachod*(²), ainsi qu'en Hanovre celui de Langensalza(³).

Le *Prince royal* rend compte le 27 au roi qu'il est* *sans nouvelles du Iᵉʳ corps et de la 1ʳᵉ division de la Garde* (⁴). Dans son journal, il mentionne qu'il fut renseigné dans la nuit sur les événements de *Trautenau* par deux officiers qu'il y avait envoyés :

« Il me sauta aux yeux qu'il fallait faire tous nos

---

1. *Un désastre prussien* (Causerie tactique sur le combat de Trautenau). Lavauzelle.
2. Colonel Foch, *L'avant-garde à Nachod.* — *De la conduite de la guerre.* Berger-Levrault et Cⁱᵉ.
3. Capitulation de l'armée hanovrienne le 29.
4. Les *détails* qui concernent le *Iᵉʳ corps* se trouvent dans *Un désastre prussien,* ceux intéressant *la Garde* dans *La Garde prussienne au combat de Soor* (sous presse), ceux relatifs à Nachod dans *La conduite de la guerre.*

« efforts pour reprendre l'importante position per-
« due. Je dictai immédiatement *pour la Garde* l'or-
« dre de se diriger sur *Trautenau,* de tomber par
« *Eipel* dans le flanc et le dos de l'ennemi, pour
« nous remettre en possession de Trautenau. Je me
« rendis le 28 matin à Kosteletz, au milieu de mon
« armée, pouvant attaquer vers Nachod ou Trau-
« tenau. »

XLIX

LE 28 JUIN

Le Prince royal ne trouva pas à Kosteletz la
2ᵉ division de la Garde, déjà partie pour Eipel, mais
vit arriver la réserve d'artillerie du prince Hohenlohe
(qui ne devait pas paraître sur le champ de bataille
de *Soor !*).

A 11 heures, *le canon de Skalitz se faisant entendre,* on envoya à Steinmetz, pour le transmettre au
VIᵉ corps, l'avis que celui-ci, mis à sa disposition,
devait marcher le 29 sur Nachod. *L'ordre était
tardif !*

Alors on reçut la nouvelle des batailles de *Langensalza* et *Custozza.*

De l'issue des deux combats de la journée (*Skalitz et Soor*) dépendait le succès ou l'échec des opérations, *la ruine ou le triomphe de la Prusse !*

Von Verdy a donné des détails intéressants sur
ces heures de crise :

« Notre situation était *très grave !*

« Le Prince royal rassembla autour de lui son
« état-major; appuyé sur son sabre, le regard clair
« fixé sur nous, il exposa très nettement la situation,
« les mesures prises et les considérations qui les

« avaient provoquées, montrant l'importance de la
« journée. Il posa cette question : *Quelqu'un a-t-il*
« *une idée pouvant contribuer au succès général ?*
« Comme nous répondîmes tous négativement, il
« termina par ces mots : Nous avons fait notre de-
« voir, partout nous avons pesé et réglé de notre
« mieux les dispositions *qui dépendent de notre intel-*
« *ligence ;* maintenant à la garde de Dieu ! »

Avec le plus grand calme il suivit le cours des
deux combats et reçut les renseignements, prenant
à leur arrivée des mesures nouvelles.

Le prince *Holenlohe* décrit d'une manière analogue
ces heures d'attente poignante :

« Le commandant de l'armée exposa la situation
« sur le ton qu'il aurait eu en donnant des ordres
« pour un dîner.

« Autant vers Skalitz qu'au delà d'Eipel on enten-
« dait, on voyait même l'artillerie en action.

« Des deux côtés les troupes prussiennes sem-
« blaient progresser. A 1 heure arriva un renseigne-
« ment de la Garde : l'état du combat à midi était
« favorable. A 2 heures il s'éleva un immense nuage
« de poussière, se mouvant vers Nachod, ce qui fit
« craindre un recul du Ve corps ; à la fin on recon-
« nut que c'était l'effet d'un tourbillon de vent ; le
« bruit du canon s'éloignait toujours plus dans la
« direction de Josephstadt. »

Un autre récit de *von Verdy* révèle encore le caractère des chefs prussiens :

« Sur cette question : *combien de forces ennemies*
« *Steinmetz pouvait-il bien avoir en face de lui?*
« j'avais dit :

« Il se heurte certainement à un corps frais ; mais
« il doit y en avoir encore un deuxième dans le voi-
« sinage et même un troisième, si les Autrichiens
« ont bien pris leurs dispositions.

« Cette réponse, *peu réjouissante,* ne parut pas
« impressionner Blumenthal ; il poussa sa casquette
« sur le nez, passa la main dans ses cheveux et
« s'écria : Quel dommage que nous ne soyons pas
« auprès de Steinmetz ! Je pourrais voir encore une
« fois comment le *vieux* vient à bout de ces
« gens-là ! »

Entre 4 et 5 heures, comme il ne resta plus aucun
doute qu'à Skalitz et Soor on remportait la victoire,
Blumenthal adressa cette dépêche à Moltke et à
Frédéric-Charles :

« Arrivons à l'Elbe près de Kœniginhof et Arnau.
« Troupes très fatiguées. Demain si possible pas-
« serai l'Elbe. Deux journées de combat pour Ier
« et V^e corps. Autrichiens battus se retirent sur
« Josephstadt. »

Les officiers d'état-major envoyés au V⁰ corps revinrent et confirmèrent la victoire ; le Prince royal se rendit alors à Eipel, d'où il lança au roi cette dépêche qui, partie de Reinerz à 1 heure du matin, arriva un peu après 2 heures à Berlin :

« La Garde s'est avancée dans un combat favo-
« rable d'Eipel et Staudenz vers Pilnikau. Steinmetz
« enverra directement nouvelles : il s'est couvert de
« gloire ! Du I⁰ʳ corps rien. »

Dépêche de Steinmetz (*via* Nachod—Reinerz) le 29 à 1ʰ15 matin, arrivée à Berlin à 3 heures :

« D'après les ordres de Benedek qu'on a saisis,
« j'avais aujourd'hui en face de moi l'archiduc Léo-
« pold avec les 6⁰ et 8⁰ corps. Le 10⁰ était dirigé
« aujourd'hui vers Trautenau, le 4⁰ en position à
« Dolan. Mes troupes, pleines de courage et de joie
« après deux batailles, poussent des acclamations ! »

A Eipel, le quartier général reçut de divers côtés des renseignements : d'abord un officier, chef de patrouille, annonçant que le I⁰ʳ corps avait regagné le territoire prussien, donna à croire que la retraite s'était effectuée en pleine déroute ; arriva ensuite un major, qui porta des nouvelles du combat de la Garde, auquel il avait pris part.

Le soir le Prince royal envoya en conséquence au roi ce récit :

« Après avoir refusé le concours d'une division
« de la Garde, Bonin *a dû penser* trop dangereux
« de soutenir jusqu'au bout le combat avec un dé-
« filé à dos.

« *En fait,* il s'est retiré non seulement derrière
« celui-ci, mais jusqu'à Liebau et Schœnberg, sans
« être poursuivi.

« Les sanglants combats des 27 et 28, qui ont
« demandé aux troupes des efforts extrêmes, *ne me*
« *permettent pas d'atteindre dès demain l'Elbe;* je con-
« centre donc l'armée, autant que faire se peut, sans
« imposer des marches importantes à la Garde et au
« V^e corps, de façon à faire stationner le Ier corps et
« la division de cavalerie à Pilnikau, la Garde à Ret-
« tendorf, le Ve à Gradlitz, et j'approche le VIe corps
« à Nachod. »

Il se rendit avec quelques officiers dans la nuit à Trautenau, le quartier général l'y suivit le lendemain matin.

C'était en somme *un faux mouvement.*

L

LE 29 JUIN

A 7ʰ 3o du matin, Moltke télégraphie de Berlin au prince Frédéric-Charles :

« Malgré une série de combats victorieux, la
« *II* *armée* se trouve encore momentanément *dans*
« *une situation difficile.* S. M. compte que la *Iʳᵉ ar-*
« *mée se hâtera* de se porter en avant *pour la dé-*
« *gager.* »

A midi nouvelle dépêche :

« *Je renouvelle l'ordre* que la Iʳᵉ armée s'avance
« vers Gitschin aujourd'hui autant que possible (¹). »

A 8ʰ 24 du soir, télégramme à Blumenthal :

« Quoi qu'il arrive, la Iʳᵉ armée doit se rappro-
« cher de vous. Elle en a reçu l'ordre *à deux repri-*
« *ses* aujourd'hui.

---

1. Cette dépêche, arrivée à Reichenberg seulement à 5ʰ 1, fut portée par estafettes à Münchengraetz.

« Si le gros des forces ennemies est concentré
« *derrière l'Elbe,* entre Josephstadt et Pardubitz, la
« II° armée est mieux placée là où elle est mainte-
« nant qu'à Gitschin.

« Mais je n'ai pas une connaissance assez précise
« de votre situation. Pouvez-vous subsister quelques
« jours où vous êtes? Pouvez-vous y soutenir assez
« efficacement le V° corps?

« Où est le I°ʳ corps? »

En résumé voilà, malgré sa chance inouïe, le
Grand quartier général désorienté, affolé !

Iʳᵉ ARMÉE

Frédéric-Charles emploie toute la matinée à *débrouiller ses divisions enchevêtrées* à la suite de son
coup d'épée dans l'eau de Münchengrætz.

A midi il peut mettre en mouvement sur Gitschin
deux divisions !

Fidèle à son cliché, il conçoit encore le plan d'une
bataille débordante à livrer le 30 : tandis que deux
divisions marchent sur Gitschin, deux autres amor-
cent un mouvement enveloppant à 10 kilomètres au
sud-est, deux restant en réserve. (L'armée de l'Elbe
est laissée près de Münchengrætz.)

Les Austro-Saxons s'étaient déployés prématurément; incapables de manœuvrer, ils se retirent vers
Horic. Les Prussiens entrent à Gitschin à minuit.

Ce sont cette fois 60 kilomètres de terrain perdus presque sans résistance.

Les Prussiens n'ont certes *pas merveilleusement* opéré avec leurs dix divisions d'*infanterie* et une réserve d'*artillerie* de cent pièces ! *On n'a pas vu le corps de cavalerie : il est à une journée en arrière des divisions de queue !*

N'insistons pas pour laisser la parole au général badois *von Schlichting* :

« En 1866 on traîna la cavalerie en queue, soit à
« la IIe armée comme impedimentum de fractions
« isolées, soit en corps derrière la Ire. Il en résulta
« un jeu de *colin-maillard* avec l'ennemi. Bien supé-
« rieure fut la conduite de la cavalerie autrichienne
« (division Edelsheim devant et sur l'Iser). »

Nous retrouverons Edelsheim tout à l'heure.

IIe ARMÉE

Le *Ier corps* quitte Schœnberg au point du jour, traverse Trautenau et *va à 10 kilomètres seulement* (Pilnikau), négligeant même de pousser une avant-garde sur Arnau.

La *Garde* marche sur *Kœniginhof*, d'où elle chasse un détachement autrichien.

Le *V^e corps* part à 2 heures après-midi de Skalitz pour Gradlitz, rencontre deux brigades d'arrière-garde du 4ᵉ corps et les repousse (*combat de Schweinschædel*).

Le *VIᵉ corps* arrive vers 2 heures à Skalitz.

Le *quartier général* de l'armée et la *division ae cavalerie* viennent à Praussnitz.

La IIᵉ armée sort ainsi de la période de crise.

SIXIÈME PARTIE

———

AUTRICHIENS

———

DU 24 AU 29 JUIN

LI

LE 24 JUIN

La marche vers Josephstadt s'accomplit conformément aux ordres jusqu'au 24.

Ce jour-là, Benedek se rendit en chemin de fer à
Trübau, où il reçut un compte rendu du prince de
Saxe (¹), auquel il fit cette réponse :

24 juin, 1ʰ 5o soir.

« Comme suite à mon télégramme de ce jour (²)
« je vous informe que vous prendrez le commande-
« ment des deux corps en arrivant à Jung-Bunzlau.

« Clam-Gallas a eu pour instructions de s'opposer
« à une attaque qui viendrait de Reichenberg ou
« Gabel, ses troupes, selon les circonstances, devant
« être *soutenues* par des forces tirées *au moment voulu*
« de l'armée ou *se retirer* vers elle en cas d'attaque
« par un ennemi *considérablement* supérieur.

---

1. Compte rendu du 21 matin (retard de transmission inexpliqué).
Le prince disait que son corps serait vraisemblablement rassemblé
le 23 soir à Chlumetz et que la division de cavalerie arriverait le
24 à Jung-Bunzlau.

2. Le télégramme arriva le 24 après-midi à Jung-Bunzlau, où le
prince et Clam-Gallas se trouvaient réunis. A 4 heures le prince répondit que son corps était en marche.

« J'arriverai à Josephstadt le 26 à 10 heures du
« matin. Si une offensive ennemie venait à se pro-
« duire sans que je sois sur les lieux, faites le
« nécessaire. »

La *Relation autrichienne* trouve « *surprenant* » que
Benedek jugeât seulement *possible ou éventuelle* une
attaque venant de Reichenberg—Gabel :

« Le généralissime n'avait sans doute pas le 23
« des nouvelles suffisantes sur les mouvements de
« la Ire armée, mais dans le cours du 24, il y eut
« plus de clarté, *le service des renseignements annon-*
« *çant alors :*
« Les télégrammes de ce jour confirment les rap-
« ports d'hier, d'après lesquels les forces marchant
« sur Friedland appartiennent au IIIe corps, celles
« sur Zittau au IVe. Leurs troupes avancées sont
« hier et aujourd'hui à Einsiedel (IIIe) et Kratzau
« (IVe). Selon les prisonniers, 6 000 hommes suivent
« sur la route de Friedland. Derrière le IIIe corps
« paraît marcher le IIe (supposé dans le rapport
« d'hier encore à Gœrlitz). Le VIIIe, dont la tête
« (16 000 hommes) est arrivée le 22 à Hainspach, a
« aujourd'hui celle-ci à Schlukenau, avec un esca-
« dron à Rumburg. Sur la 14e division, entrée le
« 20 soir à Dresde, rien de nouveau. »

Ces renseignements arrivèrent *probablement après*

le départ de la lettre au prince de Saxe ; Benedek n'envoya cependant pas de nouvelles instructions.

Les *trois corps prussiens,* présumés en première ligne, se trouvant dans la nuit du 23 au 24 *à 50 kilomètres de Jung-Bunzlau,* pouvaient *le 27 au plus tard* aborder les positions de l'Iser.

Or, au moment où le corps autrichien d'extrême gauche (3ᵉ) arrivait à Miletin après onze jours d'une marche ininterrompue, le 28, il était lui-même à 50 kilomètres des Austro-Saxons : on comprend difficilement qu'en cette situation Benedek pensât à envoyer sur l'Iser des secours « au moment voulu » et à s'y rendre de sa personne.

S'il hésitait encore le 20 soir (¹) sur ce point : *contre qui* il dirigerait de Josephstadt son offensive, il avait maintenant résolu (d'après la lettre précitée du 24) de se tourner *contre Frédéric-Charles.*

A cette heure décisive, il est intéressant de constater son état d'esprit, ainsi que la situation physique et morale de l'armée. Le capitaine *Wersebe,* de l'état-major général, raconte ainsi son voyage d'Olmütz à Trübau :

« Le pays offrait un tableau militaire plein de vie :
« de tous côtés, bivouacs ou troupes en marche,
« partout chants et danses. Tenue excellente. La
« vue de ces hommes vigoureux inspirait confiance.

---

1. Dans sa lettre au premier aide de camp de l'Empereur.

« Bientôt devinrent plus sérieuses *les nouvelles de*
« *l'ennemi s'avançant sur Reichenberg,* et il sembla
« que la 1re armée prussienne voulait se jeter rapi-
« dement sur nos troupes de l'Iser. Benedek, qui se
« figurait sans doute avoir devant lui un *adversaire*
« *lent et circonspect,* fut évidemment *surpris* par la
« rapidité et l'énergie de celui-ci ; il devint *inquiet.* »

Et cependant *Frédéric-Charles* s'est montré plutôt
froid et méthodique. Wersebe continue ainsi :

« Cet après-midi, un major et moi l'avons accom-
« pagné ; contre son habitude il était très commu-
« nicatif. Les dernières nouvelles des mouvements
« du *Prince royal* avaient *sonné* désagréablement à
« ses oreilles : on voyait clairement dans sa conver-
« sation, nullement déguisée, qu'il reconnaissait la
« difficulté de sa mission vis-à-vis de la supériorité
« numérique considérable de l'ennemi, mais il comp-
« tait sur l'excellence des troupes et espérait *attein-*
« *dre une des armées ennemies avant leur réunion.* Il
« *laissait* donc avec confiance les événements appro-
« cher.

« Il nous quitta en disant : *Nous aurons la vic-*
« *toire !* Je me réjouis d'autant plus de cet état
« d'âme que je commençais déjà à craindre qu'il
« doutât du succès et perdît ainsi son énergie. »

Retenons cette phrase : « Il laissait avec confiance
les événements approcher. »

Voilà bien le secret des malheurs de l'Autriche, de la situation qui a conduit à la perte des combats de Nachod, Skalitz et Soor, au désastre de Sadowa ! Il faut qu'un généralissime cherche à commander aux événements, se conformant au vieux principe éternellement vrai, qu'un chef doit avoir toujours présent à l'esprit :

Et res mihi, non me rebus subjungere conor.

(HORACE.)

LII

LE 25 JUIN

L'annonce de la victoire de *Custozza* vint heureusement donner confiance aux troupes, en réconforter le physique et le moral.

Sept ans avant, le même jour, lendemain de *Solférino,* dans la matinée, Benedek insistait auprès de l'Empereur pour qu'on recommençât la bataille : combien depuis 1859 il avait perdu en caractère et décision !

Ainsi que la lettre déjà citée de Wersebe, la *Relation autrichienne* le montre *bien au courant alors des progrès de la IIe armée :*

« Les renseignements des émissaires *confirmaient*
« *le mouvement de la plus grande partie de l'armée*
« *de Silésie contre les défilés voisins de Bohême.* Les
« nouvelles arrivées le 25 donnaient cette réparti-
« tion des forces ennemies la veille :

« Ier corps : Landeshut (certitude) : beaucoup de
« troupes s'y rassemblaient ;

« Garde et division de cavalerie : aussi à Lan-
« deshut ou plus au sud vers Braunau ;

« V^e corps : Frankenstein ou plus à l'ouest ;

« VIe corps : la plus grande partie à Neisse, le
« reste près de Glatz. »

M. le colonel *von Lettow-Vorbeck* raisonne ainsi
pour expliquer l'attitude de Benedek :

« On savait dès le 24 au quartier général autri-
« chien que le *Ier corps* quittait Landeshut, mais,
« d'après le télégramme intercepté de la Ire armée,
« *on devait penser qu'il continuerait sur Hirsch-*
« *berg* (¹). Il s'agissait seulement de savoir s'il était
« arrivé à cette localité. Le libellé du télégramme
« n'avait un sens que s'il devait rejoindre la Ire ar-
« mée. Le mouvement à partir de Landeshut (le 25)
« exigeait quatre jours : *la Ire armée devait donc*
« *attendre à Reichenberg jusqu'au 29 environ.* L'oc-
« cupation de cette ville, non encore signalée, pou-
« vait renforcer cette croyance. »

Nous répondrons que la Ire armée, pressée d'entrer
en scène, *n'était pas obligée d'attendre le Ier corps,*
arrivant comme réserve : il ne convenait pas de
tabler sur une lenteur semblable d'un ennemi *qui*
n'avait pas rompu ses bivouacs sans raison et pos-

---

1. Voici ce télégramme : « Commandant Ire armée (Gœrlitz) à
commandant IIe armée (Neisse), le 20, 3^h5 : D'après ordres reçus,
Ier corps doit marcher sur Landeshut *et éventuellement sur Hirsch-*
berg, mouvement *dont la rapidité est très désirée à cause du com-*
mencement des opérations. Prière faire connaître quand ce corps
partira et quand il arrivera à *Hirschberg.* »

sédait du reste la réputation d'opérer avec rapidité et décision dans les manœuvres du temps de paix.

Enfin le Ier corps, partant le 25 de Landeshut, pouvait *en se hâtant* être le 26 à Warmbrunn (sud d'Hirschberg), origine de la route d'invasion Schreiberhau—Neuwald, lançant son avant-garde *le lendemain 27 à Wurzelsdorf,* soit à hauteur de Reichenberg.

Ainsi le raisonnement précédent ne nous semble pas innocenter Benedek.

L'éminent colonel continue :

« Les Ve et VIe corps prussiens n'avaient appa-
« remment pas bougé (sauf des détachements du
« VIe ayant le 22 passé la frontière au sud de
« Neisse) : on ne manquait donc de renseignements
« que sur la Garde et la division de cavalerie. Pou-
« vait-on croire que l'on allait confier *à de si faibles*
« *forces* la dangereuse entreprise d'une attaque par
« les défilés ?

« Si elles l'osaient, étaient-elles bien en état
« d'empêcher un emploi de l'armée autrichienne
« contre Frédéric-Charles ? »

On voudra bien remarquer que, dans la réalité, le Ier corps ayant été battu, *le Ve et une partie du VIe ont précisément empêché Benedek de rien faire,* l'ont paralysé et mené à la ruine, — nous omettons à dessein la *Garde,* entrée en Bohême à peu près par hasard, sans coup férir (¹).

En somme, voici la situation pour Benedek, d'après ses informations :

Le *V° corps* était « à Frankenstein (²) ou plus à l'ouest », il est maintenant à... (?)

Le *VI° corps* était à « Glatz (³) et Neisse », la fraction de Neisse est à... (?)

La *Garde* et la division de cavalerie étaient « peut-être à Braunau (⁴) », ils sont à... (?)

Le *Ier corps* est à Landeshut ou... (?)

Nous concluons : cette situation devait paraître terriblement menaçante !

Lettow-Vorbeck dit encore :

« De nos considérations précédentes découle la « justesse des vues de Benedek (exposées dans son « écrit du 24); on voit comment l'espoir d'arriver « *à temps* sur l'Iser pouvait germer dans son esprit.

« *Avec un peu de bonne volonté* on nous concédera « ce raisonnement logique : en admettant la néces- « sité d'*un jour de repos* pour le Ier corps après son « arrivée à la Ire armée (le 30), l'attaque de la posi- « tion de Jung-Bunzlau ne pouvait avoir lieu avant

---

1. Le combat de *Soor* est pour les Autrichiens une rupture de combat ou plutôt une retraite prématurée par suite d'un ordre malencontreux (*La Garde prussienne au combat de Soor.* Sous presse).

2. 22 kilomètres de Glatz.

3. 40 kilomètres de Nachod.

4. 30 kilomètres de Kosteletz.

« le 2 juillet, moment où des renforts arriveraient
« de Miletin. »

Pourquoi ce jour de repos à accorder à des troupes fraîches après quatre étapes ? L'armée autrichienne, elle, marche *onze jours* sans arrêt, sans
trêve ni merci ! Ce jour semble moins nécessité par
les besoins de l'infanterie que par ceux de la cause ;
il met en évidence combien tous les instants avaient
leur prix et quel a été le tort du généralissime de
ne pas mieux combiner son mouvement vers Josephstadt—Miletin, de manière à arriver *plus tôt,* et aussi
avec de moindres fatigues.

*Point n'était besoin d'attendre le Iᵉʳ corps : la
preuve, c'est qu'on ne l'a pas attendu !* Comme il
n'avait pas quitté Landeshut, on l'a employé non
par Neuwald, mais *par Trautenau,* avec l'idée de le
pousser sur Arnau, en vue de la liaison des forces.

LIII

CE QUE POUVAIT FAIRE BENEDEK

La *Relation autrichienne* considère avec raison
comme une faute de n'avoir pas marché le 25
contre la IIe armée, *Lettow-Vorbeck* trouve au contraire ce reproche peu fondé. Examinons donc cette
question.

La Relation s'exprime ainsi : ·

« Dans la situation de l'armée impériale le 25, la
« décision opportune et la plus sûre eût été *indiscu-*
« *tablement* de se tourner *contre l'armée de Silésie,*
« qui se trouvait *dans l'extrême voisinage.* »

Écoutons maintenant le savant colonel prussien,
qui instinctivement fait valoir Moltke en défendant
son adversaire :

« Les nouvelles de la IIe armée arrivées le 25
« ne donnaient aucune occasion de changer les
« idées, que j'estime *plausibles,* de Benedek.
« Les têtes de la 1re division de cavalerie de
« réserve atteignaient ce jour-là le pied des mon-
« tagnes, Trautenau était déjà depuis longtemps
« occupé par des dragons de Windischgrætz, qui

« envoyait le soir ce télégramme : *L'ennemi passe la*
« *frontière près de Liebau, Schatzlar, Neuwald (route*
« *de Schreiberhau)*, et un peu plus tard : *Mes postes*
« *extrêmes près de Schatzlar aperçurent devant eux*
« *les pointes d'une avant-garde. D'après diverses nou-*
« *velles, masses importantes de toutes armes sur la*
« *route de Liebau.*

« En fait, le *Ier corps* était arrivé à Liebau—Schœn-
« berg ; la *Garde* et le *V^e corps* se trouvaient encore
« plus en arrière. On connaissait d'ailleurs le 24 soir
« l'avancement de la *Ire armée* par Reichenberg.

« L'inaction du 25 résulte de l'attente. Il est cer-
« tain qu'on aurait dû ordonner en tous cas de
« barrer les défilés.

« *Mais* je trouve que la Relation se laisse influen-
« cer par l'état *réel* de la IIe armée et le cours *ulté-*
« *rieur* des événements. Dans la recherche des pen-
« sées *rationnelles* de Benedek, en prenant pour
« base la situation *connue*, je ne trouve pas un bon
« esprit là comme ailleurs. La douleur encore ré-
« cente en 1868 de désastres inattendus, dont Bene-
« dek n'est pas sans doute innocent, a inconsciem-
« ment contribué à un jugement qui n'est *pas tout*
« *à fait juste.* »

La discussion nous paraît rouler sur le point suivant : l'ennemi était-il « dans l'extrême voisinage »,
suivant l'expression de la Relation ? ou bien le fait
certain qu'il se trouvait en masse importante près

de Liebau—Schœnberg, à Braunau (ou plus au sud
et à l'ouest), à Glatz (ou plus à l'ouest), c'est-à-dire
sur une circonférence de 40 kilomètres de rayon
autour de Josephstadt, constituait-il *un éloignement
rassurant ?*

Le doute ne nous paraît pas permis : nous avons
déjà remarqué qu'à tout moment l'idée de se porter
sur l'Iser par Josephstadt était une solution dangereuse ; à l'heure actuelle (le 25), caresser encore cette
idée était absolument téméraire : on s'engageait ainsi
dans une voie difficile, inextricable, fatale.

Pour espérer sortir d'affaire victorieux, il eût fallu
se croire le génie de Napoléon et bien mépriser
l'armée ennemie, qui, très entraînée aux manœuvres
et remarquablement instruite et outillée, s'intitulait
à cette époque « la première de l'Europe ».

LIV

LE 26 JUIN

Le 10ᵉ corps autrichien était arrivé la veille entre
Josephstadt et Schurz, une de ses brigades s'avançait en ce moment jusqu'à Praussnitz—Kaile.

Le prince Windischgrætz, commandant le régiment de dragons, avait ajouté à son renseignement
du 25 :

« Attaqué, je me retirerai lentement sur Traute-
« nau ; si cette localité doit être tenue assez long-
« temps, j'aurais besoin d'infanterie du 10ᵉ corps. »

Maintenant cette infanterie était sous sa main.

Benedek se rendit le 26 matin en chemin de fer
(6ʰ 45) à Josephstadt ; il n'y trouva aucun renseignement nouveau et, prenant alors la décision *de marcher sur l'Iser*, télégraphia à Jung-Bunzlau :

10ʰ 10 matin.

« Conserver *à tout prix* Münchengrætz et Tur-
« nau. »

Il reçut ensuite cette nouvelle de Windischgrætz :

Trautenau, 9ʰ 30 matin.

« Un de mes escadrons, se trouvant encore hier

« soir à Hohenelbe, s'est retiré dans la nuit près de
« Pilnikau, des colonnes ennemies réunies à Neu-
« wald s'étant avancées contre lui ([1]).

« J'ai *de fortes raisons pour croire* que l'ennemi
« en face de moi est *l'avant-garde du Ier corps* ; elle
« reste depuis hier soir à Kœnigshau. Mes postes
« avancés tiennent ferme devant ceux de l'en-
« nemi. »

D'après le service des renseignements, *trois divisions ennemies devaient arriver le 27 à Braunau.* Le
commandant des avant-postes de Kosteletz annonçait d'autre part que Politz paraissant occupé par
les Prussiens, il s'avançait avec trois pelotons vers
cette localité.

*Le généralissime avait adopté la combinaison de la
marche sur l'Iser en se basant sur l'appel supposé du
Ier corps à la Ire armée.* Si la présence de ce corps
à *Liebau* se confirmait, *sa stratégie recevait un dangereux accroc !* Il n'y avait pas encore certitude
absolue, mais qu'il eût été sage d'écouter ces aver-
tissements nombreux et de surveiller avec méfiance
la région voisine. Son aberration est celle de *Bazaine*, n'ayant le 16 août aucun souci du côté de
Gorze !

----

1. Les colonnes se réduisaient vraisemblablement à une compagnie de flanc gauche de la Ire armée, envoyée dans la nuit du 24-25
sur des voitures vers Neuwald, avec un escadron.

L'escadron autrichien a fait en retraite une quinzaine de kilomètres de trop et a mal renseigné.

Les renseignements se succédaient. L'après-midi
arriva une dépêche de la cavalerie :

1ʰ40.

« *De grosses masses d'infanterie* s'avancent sur
« *Politz et Trautenau.* Combats d'avant-postes.
« Mauvais terrain pour la cavalerie. »

Cette nouvelle alarmante se trouvait inexacte
pour Trautenau, au moins au sujet de « grosses
masses »; en ce qui concerne l'autre localité, un
gendarme fit le soir cette déclaration :

« 2 000 Prussiens ont occupé Politz le matin,
« repoussant deux pelotons de dragons et uhlans. »

Une note venant de Skalitz donnait l'avis :

4ʰ30 soir.

« La brigade vient d'être alarmée, les avant-
« postes ayant averti que l'ennemi s'avance *en forts*
« *détachements* par Hronow *contre Neustadt et Na-*
« *chod.* »

D'autres nouvelles établissaient le mouvement du
VIᵉ corps sur Glatz. Différents émissaires annonçaient :

« 1 000 hommes à Lewin, 10 000 en marche de

« Glatz vers la frontière, 4o ooo hommes bivoua-
« quant à Reinerz ; l'invasion doit avoir lieu à Na-
« chod le 28 ([1]). »

La *Relation autrichienne* conclut :

« Ces nouvelles montraient *avec certitude* que la
« IIe armée prussienne était *en train de passer* nos
« défilés de Bohême et, en outre, que le mouvement
« avait lieu en *trois colonnes* complètement sépa-
« rées. »

Le colonel *von Lettow-Vorbeck* discute cette affirmation :

« Il n'y avait certitude que sur la marche du
« VIe corps vers Glatz ; nulle part ailleurs on n'avait
« déterminé des *numéros d'unités* permettant de dé-
« duire ceux des corps d'armée. Le Ier corps était
« bien à Liebau, mais les mouvements par Schrei-
« berhau devaient faire supposer son appel par
« Hirschberg à la Ire armée. Il ne restait donc que
« deux corps (ceux dont on signalait les troupes
« avancées à Lewin, Politz, Nachod, Neustadt). A
« Lewin, repos complet depuis vingt-quatre heures ;
« à Politz avaient été repoussés le matin deux pelo-
« tons, mais des avis plus récents manquaient (mal-

____

[1]. On a déjà vu l'annonce de la marche de trois divisions sur
Braunau.

« gré la reconnaissance de trois pelotons de Koste-
« letz vers Politz). La nouvelle que de grosses
« masses d'infanterie s'avançaient par Politz et
« Trautenau avait été reconnue fausse (¹). Des nou-
« velles reçues le soir au quartier général de Joseph-
« stadt indiquaient jusqu'à quel point se confirmait
« l'avancement de forts détachements entre Neu-
« stadt et Nachod. »

Nous répondrons en donnant la situation exposée
par Benedek *lui-même :*
   1° *Dans l'ordre de l'armée de 8 heures soir :*

   « Des forces ennemies importantes s'avancent par
« Politz et vers Starkenbach(²) et Trautenau.
   « Sur les forces opposées aux 6ᵉ et 10ᵉ corps j'at-
« tends bientôt des nouvelles. »

   2° *Dans une dépêche de 9ʰ 10 au prince de Saxe :*

   « De forts détachements ennemis sont *devant*
« *Trautenau et Nachod.* »

   Ainsi le généralissime était *aussi bien renseigné
qu'on peut l'être à la guerre* sur les dangers qui le
menaçaient.

---

   1. Pourtant 2 000 Prussiens étaient à Politz.
   2. Starkenbach correspond à un renseignement que nous ne connaissons pas.

LV

LE 26 JUIN SOIR

Voici maintenant l'ordre de l'armée :

« Le *6ᵉ corps* marchera le 27 — 3 heures matin —
« *d'Opocno sur Skalitz,* où il prendra position, pous-
« sant une avant-garde contre *Nachod.* La 1ʳᵉ divi-
« sion de cavalerie de réserve lui est affectée.

« Le *10ᵉ corps* partira le matin à 8 heures, après
« la soupe, se dirigeant sur Trautenau, où il pren-
« dra provisoirement position sous la protection
« d'une avant-garde. Il dispose du 2ᵉ dragons.
« Après le passage de Kaile, la brigade détachée
« en ce point rentrera à son corps (4ᵉ).

« Sur les forces opposées aux 6ᵉ et 10ᵉ corps j'at-
« tends bientôt des nouvelles.

« Le *8ᵉ corps,* désigné pour Kœniggrætz (en rem-
« placement du 10ᵉ), partira le matin.

« Le *3ᵉ corps* marchera, comme il est prescrit,
« avec le *4ᵉ corps* (resté arrêté à Kœniginhof), mais
« la brigade désignée pour la couverture, le 28, des
« routes de Neu-Paka et Gitschin, poussera en
« avant dès le matin.

« Le *2ᵉ corps,* la *2ᵉ division de cavalerie légère* et
« la *3ᵉ de réserve* doivent rompre de bonne heure et

« atteindre les buts de marche qui avaient été fixés
« pour le 20.

« La 2ᵉ division de cavalerie de réserve n'ira pas
« le 28 à Kœniggrætz, mais à Smiritz.

« Ces dispositions ont pour but de couvrir le
« déploiement de l'armée à Josephstadt, non encore
« terminé, ce qui *ne doit absolument pas empêcher*
« *de se jeter sur l'ennemi avec toute son énergie, là où*
« *il se montrera. La poursuite cependant ne devra*
« *pas dépasser la frontière et ne s'étendra pas trop*
« *loin pour le moment.* »

La marche de l'artillerie de réserve de l'armée fut
aussi avancée pour gagner une journée.

Le généralissime communique l'ordre au premier
aide de camp de l'Empereur avec l'observation suivante :

« Cette mesure est seulement *un délai temporaire*
« *avant l'offensive projetée* (sur l'Iser), à laquelle je
« passerai aussitôt que le déploiement de l'armée
« sera terminé et que j'aurai des nouvelles sûres de
« la position actuelle de l'adversaire, ce qui arrivera,
« j'espère, *avant peu de jours* (!) »

A 9ʰ 10 Benedek envoie cette dépêche au prince
de Saxe :

« *De forts détachements* ennemis sont *devant Trau-*

« *tenâu et Nachod.* En conséquence j'active le dé-
« ploiement de l'armée à Josephstadt.

« Le courrier n'est pas encore arrivé. Je dois donc,
« *ne sachant rien de vos idées,* m'abandonner à votre
« jugement sur cette question : l'avancement en vue
« pour le 27 semble-t-il *encore avantageux* après la
« nouvelle ci-dessus ? »

Un instant après arrive ce télégramme :

Skalitz, 8ʰ 40.

« L'ennemi a attaqué avec des forces supérieures
« le poste de *Nachod,* qui a dû *se retirer sur Ska-*
« *litz.* »

M. le colonel *von Lettow-Vorbeck* trouve l'ordre
du 26 soir « en concordance avec l'appréciation
qu'on pouvait se faire de l'adversaire ».

Nous nous permettrons d'émettre *un avis diffé-*
rent. On sait qu'on a « des forces imposantes »
devant soi, certainement des fractions des corps de
Neisse et de la Garde, soit peut-être trois corps en-
tiers ; on n'est pas sûr de n'avoir pas aussi le Iᵉʳ ;
alors qu'est signalé l'ennemi *partout,* avec 40 000,
10 000, 20 000 hommes en divers points ou « en
grosses masses », on pense encore à courir vers l'Iser !
et, ce qui est plus étrange, à y courir, espère-t-on,
avant peu de jours !

LE 27 JUIN

De bonne heure le 10ᵉ corps reçoit ce renseignement du prince Windischgrætz :

26 soir.

« L'ennemi, vènant de Friedland, s'est avancé, avec
« de l'infanterie et de la cavalerie, dans la direction
« de Welkersdorf. »

La note transmissive du commandant du 10ᵉ corps
remarquait :

« Cette approche et le repli de la 1ʳᵉ division de
« cavalerie rendent ma situation *plus défavorable*
« qu'au moment de l'expédition des ordres pour
« le 27. »

Le généralissime répond :

« Un changement dans la situation à l'est du
« 10ᵉ corps ne peut compromettre le mouvement
« prévu, la sécurité de ce flanc étant assurée par
« l'arrivée du 6ᵉ corps à Skalitz, avec avant-garde
« suffisante à Wisokow (¹), »

---

1. L'avant-garde fut envoyée *plus tard* à Wisokow.

phrase qui a peu de sens, le danger venant autant d'Eipel que de Skalitz ; *mais Benedek persiste déjà à négliger les débouchés entre Trautenau et Nachod.*

Ensuite arriva le compte rendu (6ʰ15) du commandant en chef sur l'Iser :

« Le combat de nuit et la perte du pont de *Podol*
« me font renoncer à l'offensive aujourd'hui ; mes
« deux corps vont occuper la position de *München-*
« *grætz.* »

A 10 heures du matin, Benedek lance les ordres suivants :

Au 8ᵉ corps.

« Ne pas se rendre à la position abandonnée
« par le 10ᵉ corps, mais marcher par Jaromer vers
« Dolan et y bivouaquer, comme *soutien éventuel*
« *du 6ᵉ corps.* »

Au 4ᵉ corps (sud de Kœniginhof).

« A l'exception de la brigade poussée vers Paka,
« *se préparer à marcher* au premier ordre par Jaro-
« mer sur Skalitz pour *soutenir le 6ᵉ corps, en train*
« *de combattre.* »

Le porteur de cet ordre (capitaine Wersebe) le complète en indiquant que la brigade en question doit être envoyée sans retard à Praussnitz, en arrière du 10ᵉ corps.

Bientôt après 9 heures on entendit le *canon de Nachod* et plus tard celui de *Trautenau*.

L'après-midi, le commandant des corps de l'Iser pose cette question :

« D'après l'ordre du 26, je me propose de mar-
« cher le 28 sur Sobotka, *me rapprochant de l'armée.*
« Je demande respectueusement *si j'ai ainsi bien*
« *compris* mes instructions *ou si je dois rester à Mün-*
« *chengrætz*. L'ennemi n'a pas encore montré *de*
« *forces supérieures.* »

Benedek ne répondra qu'à 7ʰ 35 soir et fera une réponse absolument extraordinaire (¹) !

A 3ʰ 3o arriva le rapport de Ramming (1 heure), qui présentait le combat de Nachod comme *favorable*, mais exprimait l'intention de se replier le soir sur Skalitz !

Là-dessus (4ʰ 3o) fut adressé *au 6ᵉ corps* cet avis :

« De la position de Skalitz envoyer dans tous les
« cas une avant-garde jusqu'à Wisokow et mainte-
« nir l'ennemi avec la cavalerie encore intacte. »

Enfin à 6ʰ 15 *au 8ᵉ corps :*

« Si un combat s'engageait dans la matinée à
« *Skalitz,* le 8ᵉ corps se déploierait en première
« ligne, le 6ᵉ corps formant réserve, sous le com-
« mandement de l'archiduc Léopold. »

---

1. Voir ci-après.

Benedek se figure la situation à Skalitz ainsi pleinement assurée. Quant au combat de Trautenau, on était sans nouvelles.

Au milieu de cet état de *crise aiguë*, il juge que *rien ne s'oppose à la marche projetée vers l'Iser !* et *fait préparer* cet ordre le soir, 6 heures :

« Les armées ennemies *sont encore séparées :* tan
« dis que quatre corps (II°, III°, IV°, VIII°) ont rompu
« au nord-ouest de la Bohême, le I⊃er se trouve der
« rière Trautenau, les V° et VI° s'avancent contre
« Nachod, *derrière eux vraisemblablement marche la*
« *Garde.*

« Les 6° et 10° corps se maintiendront avec achar
« nement aussi longtemps que possible sur leur
« position avancée et ne céderont du terrain qu'en
« cas d'absolue nécessité. Si la retraite est forcée,
« ils prendront ensemble une nouvelle position à
« Josephstadt, sous les ordres de Ramming et,
« s'appuyant à la forteresse, s'efforceront d'arrêter
« les progrès de l'ennemi. »

Le 8° corps (Dolan) devait rompre à 5 heures du matin et se porter au nord-ouest de Miletin, à 37 kilomètres environ de Skalitz : comment cette distance pourrait-elle être franchie, si un combat était livré le 28 ?

LVII

LE 27 JUIN SOIR

A 7 heures du soir cette note apprit à Benedek la *défaite de Nachod* :

5ʰ 45 soir.

« Attaqué par des forces très supérieures, j'ai dû
« à 3ʰ 3o me mettre en retraite jusqu'à Skalitz. Mes
« troupes sont *tout à fait épuisées*. Il est de mon
« devoir de vous rendre compte que si je ne suis pas
« secouru, je me trouve hors d'état de soutenir de-
« main une nouvelle attaque : je vous prie donc de
« me faire relever dès aujourd'hui par le 8ᵉ corps.
« J'évalue mes pertes à 3 ooo ou 4 ooo hommes (tués
« ou blessés). On m'informe que de la cavalerie enne-
« mie, venant de Kosteletz, continue à attaquer ; la
« mienne est *si épuisée* qu'elle ne peut plus rien
« faire. »

Une si grave nouvelle n'a pas raison de l'obstina-
tion de Benedek, qui, à 7ʰ 35, envoie au prince de
Saxe cette dépêche (en réponse à la question : faut-
il *retraiter* sur Sobotka ou rester à Münchengrætz ?) :

« Demain le courrier ira à Münchengrætz (!)

« Quartier général le 29 à Miletin (!!), le 3o à
« Gitschin (!!!) »

Vers 9 heures furent encore lancés d'autres ordres :

Au gouverneur de Josephstadt.

« Envoyer aussitôt deux batteries à Skalitz au
« 6ᵉ corps. »

Au 2ᵉ corps et à la 2ᵉ division de cavalerie légère.

« Commencer à l'aube la marche vers Neu-Ples
« (2ᵉ corps) et Jasena (cavalerie). »

Au 4ᵉ corps (sud de Kœniginhof).

« Partir *de suite* et bivouaquer derrière le 8ᵉ corps
« à Dolan. »

Le 4ᵉ corps allait donc faire une marche de nuit
en retraite de 2o kilomètres.

L'exécution du mouvement vers l'Iser dépendant
des événements ultérieurs à Skalitz, l'envoi des ordres déjà préparés fut *différé*.

L'acharnement de Benedek dans son affirmation :
« Je maintiendrai la décision une fois prise » montre
combien l'Empereur s'était trompé en confiant l'armée de Bohême et les destinées de l'Autriche à cet
homme *de caractère,* tandis qu'il envoyait l'archiduc
Albert en Italie !

Les notes du capitaine Wersebe contiennent ce renseignement :

« Le généralissime se trouvait indisposé le 27,
« étant resté la veille longtemps à cheval ; il garda
« la chambre toute la journée. »

Sans doute il était accablé par les mauvaises nouvelles et s'isolait pour réfléchir... Il va prendre une résolution définitive — *la mauvaise* — le 28 à 5 heures du matin.

LVIII

NUIT DU 27 AU 28 JUIN

Donc Benedek *a décidé,* sauf événement inattendu, de rejoindre avec ses forces principales les corps de l'Iser pour écraser la Ire armée prussienne. *Il a avancé les 6e et 10e corps vers Nachod et Trautenau,* afin de maintenir la IIe armée, et leur a constitué une réserve à Dolan (4e corps) ; toutefois il *diffère un peu* l'exécution de son plan d'offensive au nord-ouest pour voir ce qui va se passer *près de lui.*

Ce retard est, pense-t-il, *sans importance,* car, malgré l'occupation de Turnau et Podol (26 soir), « l'ennemi n'a pas encore montré de forces supé-« rieures (¹) ».

Mais dans la nuit du 27 au 28, un télégramme indique qu'une forte colonne, partie l'après-midi de Reichenberg, marche directement sur Gitschin (renseignement inexact). Cette menace pour la liaison de ses deux masses trouble d'abord Benedek et lui fait penser qu'il faut se hâter vers l'Iser.

Puis il reçoit, à 1 heure du matin, la nouvelle de la *victoire de Trautenau* (datée de 9 heures du soir),

---

1. Avjs du prince de Saxe (27, après-midi).

qui lui enlève, bien à tort, toute inquiétude du côté
du nord-est.

*Il croit alors que décidément trois corps (6°, 10° et
4°) suffiront à paralyser la II° armée* et ne se préoc-
cupe pas tout d'abord du débouché d'*Eipel*, n'ayant
en vue que le défilé Nachod—Skalitz.

Mais le vainqueur de Trautenau connaissait le 27,
dès l'aurore, l'arrivée de forces importantes dans la
région de Wekelsdorf, qui donne *accès à Kosteletz,
près d'Eipel;* il insiste sur ses soucis pour son aile
orientale dans une demande arrivée un peu après
1 heure du matin :

« J'apprends d'une manière certaine que mon
« adversaire a dirigé cet après-midi (4 heures) *une
« forte brigade vers Eipel.*

« Je suis ainsi menacé *à dos et de flanc.*

« Mon corps d'armée, complètement engagé à
« Trautenau, est *épuisé.* Je vous prie *instamment* de
« faire occuper Praussnitz par une troupe suffisante.

« D'après des prisonniers, les troupes ennemies,
« appartenant au Ier corps, comprenaient trois bri-
« gades. »

Les corps prussiens étant à quatre brigades,
Benedek *a pu penser,* d'après Lettow-Vorbeck, que
« la forte brigade » détachée sur Eipel faisait partie
du Ier corps.

Mais en supposant même qu'une seule brigade,

une forte brigade, menaçât Eipel, ne créait-elle pas
un danger pressant, ne fallait-il pas lui boucher
absolument le défilé ?

Il se contente d'envoyer *à deux lieues d'Eipel deux
bataillons !*

Ordre de 2 heures du matin au 4ᵉ corps :

« Faites partir de suite pour Praussnitz—Kaile
« deux bataillons, *qui vérifieront si Eipel est occupé.*
« Renseigner sur ce point et rester dans cette ré-
« gion jusqu'à nouvel avis. »

Voilà *une infanterie* qui reçoit *une mission incom-
bant à quelques cavaliers !* Nous verrons plus loin
que, par suite d'un *malentendu,* elle ne sera *même
pas à son poste* au moment voulu.

En réalité, c'est tout le corps de la Garde qui va
atteindre Eipel. Nous lisons dans Lettow-Vorbeck :

« Il n'y a aucune preuve absolue que Benedek
« ait connu l'approche de la Garde, même le 28 ma-
« tin. Le compte rendu sur le combat de cavalerie
« de Cerwena-Hura (¹) fut rédigé seulement l'après-
« midi ; on ne sait s'il était arrivé le 28 matin. Il y
« était dit seulement que les détachements de cava-
« lerie ennemie *paraissaient* appartenir au 3ᵉ uhlans
« de la Garde. »

---

1. Au delà de Kosteletz.

« Paraissaient » : c'est déjà quelque chose, mais nous avons lu dans l'ordre du 27, 6 heures soir :

« Derrière eux (V° et VI° corps) vraisemblable-
« ment *marche la Garde.*

Constatons encore que l'avis du service des renseignements annoncera le 28 :

« Les hussards de la *Garde* sont entrés *le 25 à*
« *Braunau ;* une partie de ce régiment faisait ce
« matin une reconnaissance à *Praussnitz—Kaile.* »

Ainsi, sans parler du combat de Cerwena-Hura, on savait *que la cavalerie de la Garde était par là* depuis le 25, qu'un de ses régiments était le 27 à deux lieues au delà d'Eipel : *le corps lui-même pouvait-il être bien loin ?*

Le 10° corps fut informé de l'envoi de deux bataillons sur Kaile par une note, qui portait en outre :

« Derrière le 6° corps stationne le 8° à Dolan,
« puis le 4° vers Jaromer. Entre Nachod et Skalitz
« il y eut hier conflit (*Konflikt !*) entre le 6° corps et
« l'ennemi : *Skalitz* est entre nos mains. »

On ne pouvait *cacher plus adroitement la défaite* de Nachod !

LIX

LE 28 JUIN

Le matin, 5 heures, Benedek *décide* d'entamer de
suite la marche *contre la Ire armée ;* mais, *en raison
de la situation, maintenant dangereuse partout, les
corps de l'Iser devront reculer* sur l'armée principale :
l'intervalle stratégique va donc progressivement diminuer.

Il relève à Skalitz le 6e corps, épuisé, par le 4e et
fait replier le 10e (qui eût été bien nécessaire, au
moins en grande partie, pour maintenir le Ier prussien) sur Praussnitz—Kaile, où il prendra une position contre Eipel.

Le généralissime commence à douter que trois
corps (dont deux affaiblis) suffisent contre la IIe armée : « la *coopération du 8e* à la marche sur l'Iser dé-
« pendra donc des événements à Skalitz ».

Les ordres suivants sont la conséquence de sa
décision.

Télégramme au prince de Saxe (5 heures matin,
arrivé à 8^h 3o) :

« Pour empêcher que l'ennemi se jette entre vous
« et le gros de l'armée, *commencez votre marche en
« retraite* avec toutes vos forces. »

Au 10ᵉ corps (même heure) :

« *L'armée va prendre la direction Miletin—*
« *Gitschin.*

« Tout le 10ᵉ corps se retirera, avec le 2ᵉ dragons,
« sur Praussnitz—Kaile et y prendra position, le
« front vers l'est, des forces ennemies assez impor-
« tantes étant en marche contre Eipel. »

L'envoi des deux bataillons du 4ᵉ corps à Praussnitz—Kaile, paraissant dès lors inutile, fut contre-
mandé, mais on négligea *d'en avertir le 10ᵉ corps.*
Nous verrons plus loin les conséquences de cet oubli
de Benedek (ou de son état-major).

Aux 4ᵉ et 6ᵉ corps (9 heures).

« Cet après-midi, la soupe mangée, le 4ᵉ corps
« relèvera le 6ᵉ dans la position de Skalitz. Le 6ᵉ
« ira prendre aussitôt la position abandonnée par le
« 4ᵉ (Lancow—Daubravitz). La brigade détachée du
« 4ᵉ corps rentrera auprès de celui-ci dans la mati-
« née après le passage du 6ᵉ. »

Au 8ᵉ corps.

« S'il n'y a pas de combat aujourd'hui jusqu'à
« 2 heures (à Skalitz), le 8ᵉ corps marchera sur
« Salnei (¹). »

---

1. Nord de Jaromer.

Ainsi, immédiatement après la défaite de Nachod,
on éloignait le *8ᵉ corps* de la zone de danger imminent pour l'envoyer à l'ouest, en une région d'où l'on
venait d'appeler le 4ᵉ !

Ces ordres expédiés, Benedek se rendit à Skalitz
pour apprécier *de visu* la situation.

Il rencontra à Dolan le 4ᵉ corps (qui avait rompu
à minuit 3o), puis à 2 kilomètres de Skalitz, à 9ʰ 3o,
le 6ᵉ, déjà relevé par le 8ᵉ, tandis que d'après l'ordre
de l'armée de la veille au soir (ci-dessus), ce dernier
ne devait passer en première ligne que « si un
combat s'engageait (¹) ».

Ramming raconta le combat de Nachod et parla
ensuite des défauts de la nouvelle position.

Le canon se faisait déjà entendre du côté de Skalitz
et aussi *vers Soor !* Quand on arriva à Skalitz à
1oʰ 3o, s'apercevaient de l'infanterie et des batteries ennemies sur le Schafberg : Benedek ayant fait
cesser le feu, le canon se tut aussi du côté prussien.

*Il maintient néanmoins sa décision d'envoyer dans
la journée les 4ᵉ et 8ᵉ corps vers l'Iser,* disant à haute

---

1. Le commandant du 6ᵉ corps (Ramming), la veille après-midi,
aussitôt après l'envoi de son compte rendu à l'armée, avait instamment demandé au 8ᵉ de mettre à sa disposition deux brigades, « ses
« troupes étaient *tout à fait épuisées* et incapables de résister avec
« succès à l'attaque qu'on pouvait attendre de grand matin ». Le
commandant du 8ᵉ corps (archiduc Léopold) ne put lui donner sa-
tisfaction, ses troupes arrivant seulement à Dolan entre 8 heures
du soir et minuit.

voix qu'il ne s'agissait pas à Skalitz d'un combat
sérieux et qu'il voulait rester fidèle à la résolution
une fois prise. Il fit rédiger ces nouvelles dispositions (11 heures) :

« Si aujourd'hui à 2 heures un combat ne s'en-
« gage pas à Skalitz :
  « Le *6ᵉ corps* partira de Lancow,
  « Le *8ᵉ* le suivra (bivouac à Salnei),
  « Le *4ᵉ* prendra position près de Dolan, ses avant-
« postes contre l'ennemi (*sic*),
  « Le *10ᵉ* partira demain matin de bonne heure
« vers Josephstadt pour se mettre en position à côté
« du 4ᵉ; le maréchal-lieutenant Gablenz prendra le
« commandement de ces deux corps.
  « La *1ʳᵉ division de cavalerie de réserve* se rassem-
« blera ce soir auprès du 4ᵉ corps et marchera
« demain sur Dubenetz.
  « D'autres instructions suivront. »

Comme on entendait toujours *le canon du côté de
Soor* et qu'on était sans nouvelles de Trautenau,
l'ordre au 10ᵉ corps fut porté par deux officiers pour
la sûreté de la transmission.

Celui destiné au 8ᵉ corps venait d'être expédié,
quand Benedek lui fit prescrire de rompre immédiatement. Il partit alors lui-même pour rejoindre
Josephstadt et, en passant auprès du 6ᵉ corps, le mit
en route vers Lancow. Comme le bruit du *canon de*

Skalitz devenait plus violent, Ramming présenta *quelques objections : l'ordre fut maintenu.*

A partir de Schweinschædel, un orage empêcha de percevoir le canon.

Que se passait-il sur l'Iser ?

Le 28, 5 heures matin, le prince de Saxe et Clam-Gallas évacuaient la position de *Münchengrætz.*

On devait présumer qu'ils en prendraient une nouvelle à Sobotka et la défendraient : *ils reculent tout d'une traite à Gitschin.*

LX

SITUATION LE 28 JUIN

Les dernières mesures prises par Benedek devaient
être fatales à l'armée impériale.

Le colonel *von Lettow-Vorbeck* l'excuse ainsi :

« Dans une connaissance *certaine* de la situation
« de l'adversaire, Benedek, se conformant à l'atta-
« que de ce dernier, aurait assailli la IIe armée. S'il
« crut que deux corps suffisaient pour la défense et
« qu'il *était encore nécessaire* de se tourner contre
« Frédéric-Charles, il faut admettre qu'il estimait
« au-dessous de leur valeur les forces immédiate-
« ment opposées. Donc lorsque la *Relation autri-*
« *chienne* attribue à Benedek des pensées en con-
« tradiction avec ses ordres, il faut réclamer contre
« un tel procédé. »

Que dit la Relation ?

« Le Ve corps avait marché par Chwalkowitz (¹)
« et le généralissime ne s'occupait pas d'arrêter la
« IIe armée progressant vers l'Elbe supérieur ! »

---

1. Village au nord-ouest de Skalitz, d'où part la route sur Praussnitz—Kaile.

Le savant défenseur prussien de Benedek riposte :

« On parle de la IIe armée, tandis que Benedek
« savait quelque chose seulement *d'un corps* ennemi
« isolé. »

Nous avons vu que, dès le 27, on savait déjà bien
plus ; maintenant on connaissait quelque chose de
très sûr du Ve corps, étant battu par lui ! autant
du Ier, qu'on avait repoussé, mais qui devait revenir
à la charge, tandis que le 10e autrichien était épuisé
(on allait d'ailleurs le rappeler). Que faisait-on du
rapport où il était question « de trois divisions marchant sur Braunau », du compte rendu de Czer-
wena-Hora sur la cavalerie de la Garde, de l'avis de
la reconnaissance ennemie à Praussnitz—Kaile, etc. ?
N'avait-on pas la certitude de la présence du VIe corps
à Neisse ? Quand l'invasion avait lieu par Trautenau
et Nachod, ce VIe corps allait-il rester indéfiniment
inutile, pétrifié à la frontière ?

Croit-on qu'un généralissime ait toujours des nouvelles « bien sûres » de l'ennemi ? On savait plus
qu'on ne pouvait espérer, dans ce cas particulier où
l'ennemi manœuvrait derrière une chaîne de montagnes. Il fallait donc se méfier.

Lettow-Vorbeck conclut du reste :

« En supposant que Benedek ait cru les Ier et
« V^e corps très affaiblis par les combats précédents.

« personne n'approuvera les dispositions prises *à*
« *cette heure* (*le 28*), puisqu'il avait la Garde et le
« VIe corps sur les bras. Il devait donc utiliser le ras-
« semblement de son armée, obtenu alors avec tant
« d'efforts de ses troupes, pour se jeter *sur le Prince*
« *royal.* »

Examinons les derniers ordres.

On fait replier prématurément le *10e corps,* vainqueur à Trautenau ;

Le *6e corps,* très affaibli, va exécuter trois marches, puis combattre, à la suite de dix jours de fatigues sans repos ;

Le *8e corps,* après ces dix jours, a quitté la route
par une marche de nuit, se portant à l'ennemi ; il va
reprendre la direction primitive et faire trois marches. Et on lui impose cette condition surprenante
« si l'ennemi n'attaque pas avant 2 heures ! »
L'ordre était du reste annulé et le départ commençait aussitôt au bruit du canon.

Malgré tout ce qui se passe, Benedek reste *iné-
branlable,* disant à Skalitz :

« Ici *il ne faut* (!) aucun combat sérieux : *j'ai*
« *d'autres plans,* je veux rester fidèle à la décision
« une fois prise. »

Lettow-Vorbeck remarque :

« Son énergie de Solférino apparaît dans cette

« phrase. L'immensité du désastre a dépendu des
« subordonnés : Soor pouvait être une victoire, Ska-
« litz pouvait rester indécis. Sans entrer dans le
« domaine de la fantaisie, remarquons qu'alors la
« marche sur l'Iser commençait le 29, le 3ᵉ corps,
« au lieu de recevoir l'ordre de retraite, arrivait à
« Gitschin et faisait échouer l'attaque prussienne. »

Sans doute aussi le prince Frédéric-Charles n'était
pas un adversaire terrible. Mais quant à Soor, nous
verrons que ce ne pouvait être une victoire et que la
défaite incombe à Benedek. « *Ici il ne faut aucun com-
« bat sérieux* » caractérise suffisamment son esprit
stratégique et tactique : avec un tel chef l'Autriche
devait être *fatalement* écrasée, à Sadowa ou sur tout
autre champ de bataille. Les conceptions qui ont
présidé à la bataille de Custozza montrent d'autre
part que le prince Albert était supérieur à Frédéric-
Charles et au moins égal à Moltke. C'est ce chef,
et non des circonstances heureuses sous Benedek,
qui aurait *très vraisemblablement,* presque certainement, assuré le succès des armes autrichiennes.

LXI

LE 29 JUIN

Donc Benedek, se berçant encore du fol espoir d'amener cinq corps (2ᵉ, 3ᵉ, 6ᵉ, 8ᵉ, 10ᵉ) et trois divisions de cavalerie contre la Iʳᵉ armée, a donné le 28 à Clam-Gallas l'ordre de *tenir bon à Gitschin*.

Dans la matinée du 29 les nouvelles des défaites de *Skalitz* et *Soor* produisent dans son esprit un *revirement complet*.

Clam-Gallas reçoit, au commencement du combat de Gitschin, une dépèche lui enjoignant d'éviter tout engagement sérieux et *de rallier l'armée à Miletin.*

Le *3ᵉ corps,* qui avait à se porter sur Gitschin en renfort de Clam-Gallas, doit rester à Miletin.

Le *4ᵉ corps* est maintenu seul sur la rive gauche de l'Elbe (Dolan).

Les *2ᵉ, 6ᵉ, 8ᵉ et 10ᵉ corps* et les divisions de cavalerie disponibles sont placées sur la rive droite de Kœniginhof à Salnei, face aux positions présumées du Prince royal.

La Iʳᵉ armée, entrant à Gitschin (le 29 à minuit), ne sera plus qu'à une journée (25 kilomètres) de Miletin et, dès le 30, pourra *combiner son action avec la IIᵉ.*

Voici l'appréciation de M. le général *Bonnal* ([1]) :

« La résolution de *prendre position* sur la rive
« droite de l'Elbe devant les troupes du Prince
« royal était *insensée*.

« On aurait compris que, se voyant dans *une*
« *situation désespérée,* il payât d'audace et préparât
« pour le 3o l'offensive de ses cinq corps disponi-
« bles (4ᵉ, 2ᵉ, 6ᵉ, 8ᵉ, 10ᵉ) contre ceux de la IIᵉ armée
« le plus à portée (Vᵉ, VIᵉ, Garde). Il y avait de
« grands risques à courir, mais si le 3ᵉ corps se
« fût joint le 29 aux Saxons et au 1ᵉʳ corps vers
« Gitschin, les efforts de ces trois corps d'armée
« eussent été susceptibles de contenir la Iʳᵉ armée le
« 3o juin et le 1ᵉʳ juillet, donnant ainsi au gros de
« l'armée autrichienne le temps de battre son adver-
« saire immédiat et de le rejeter dans les montagnes.
« Rien de semblable ne vint à l'esprit de Benedek.

« A l'instar de l'autruche, qui cache sa tête sous
« une touffe d'alfa dans l'espoir d'échapper aux
« coups de ses ennemis, le chef de l'armée autri-
« chienne crut trouver le salut *dans une prise de*
« *position.*

« Une telle *ineptie* ne pouvait durer ! »

L'offensive de cinq corps (et même de six, le 3ᵉ
n'étant pas indispensable vers Gitschin) pouvait

---

1. Cours de l'École supérieure de guerre.

d'autant plus réussir, menée avec rapidité et énergie, que les dispositions méthodiques et timides de Frédéric-Charles auraient déjà frappé l'esprit d'un généralissime autrichien qui se fût trouvé à hauteur de sa tâche.

SEPTIÈME PARTIE

LE 30 JUIN

AUTRICHIENS

La petite armée de l'Iser marcha du matin au soir et atteignit Miletin, Horic, etc. (quelques fractions Josephstadt), dispersée ainsi sur un front de 32 kilomètres. Ses escadrons ne couvrirent pas la retraite ; *heureusement la cavalerie prussienne ne montra que des détachements !* Toutefois le 2ᵉ uhlans de la Garde obligea une brigade d'infanterie autrichienne à marcher en formation de combat, mais il n'insista pas et ne sut pas la devancer pour lui couper la route.

Clam-Gallas comptait rompre le lendemain matin à 2 heures pour Kœniggraetz, mais le danger qu'avait couru cette brigade lui fit décider *de partir le soir même.*

Sur l'Elbe régna peu de repos dans la nuit du 29 au 30 : les corps parvenant tard au bivouac *s'alarmaient* les uns les autres ; il y eut des blessés dans plusieurs régiments.

A 3ʰ30 du matin s'engagea une lutte d'artillerie, qu'on appela *canonnade de Gradlitz,* entre des batteries du Vᵉ corps prussien et du 2ᵉ autrichien.

Voilà les *heures difficiles* arrivées pour Benedek ! Son armée occupait enfin *la fameuse position rêvée,* mais dans quel état ! Sur cinq corps engagés, quatre

avaient extraordinairement souffert ; tous étaient
épuisés et abattus ; on avait perdu 3o ooo hommes,
quelques canons et drapeaux.

Le généralissime espérait livrer bataille sur sa
position, lorsqu'il apprit du commandant du 3ᵉ corps
à Miletin la situation des troupes de l'Iser :

« Des détachements du 1ᵉʳ corps arrivent ; il est
« *hors d'état de combattre.* Parc de munitions vide ;
« plus de vivres. »

Benedek *décida alors la retraite.*

ORDRE DE L'ARMÉE DU 3o

Dubenetz, 3 heures soir.

« Demain marcheront :
« 10ᵉ corps (en tête), 3ᵉ corps, divisions de cava-
« lerie 1ʳᵉ légère et 3ᵉ de réserve : par Bürglitz—Sa-
« dowa sur Lipa ;
« 2ᵉ division de cavalerie de réserve (en tête),
« 6ᵉ corps : par Dubenetz—Horenowes sur Wsestar ;
« 8ᵉ et 4ᵉ corps, réserve d'artillerie : sur Nedelist ;
« 1ʳᵉ division de cavalerie de réserve, 2ᵉ corps,
« 2ᵉ division de cavalerie légère : par Salnei sur
« Trotina.
« *Rupture : 1 heure du matin* (sauf pour les trains
« qui partiront immédiatement).
« Les unités marchant sur la même route *se con-*
« *certeront.*

« La cavalerie sera employée à éclairer les flancs
« et derrières.

« La retraite doit s'exécuter *avec calme.*

« Quartier général demain : près de Kœniggrætz. »

Il y avait ainsi *croisement* des 6ᵉ et 10ᵉ corps. Au
lieu de fixer la place des unités dans les colonnes,
on les invitait « à se concerter, » disposition peu
rationnelle.

Benedek écrit alors *à sa femme* cette lettre touchante :

Dubenetz, 3o juin, 4ʰ 3o soir.

« C'est peut-être la dernière fois que je t'écris.
« J'ai dit loyalement à l'Empereur que, puisqu'il
« le veut, je sacrifie pour lui mon honneur civil et
« militaire. Le moment est arrivé !

« *Comment et pourquoi* l'armée, dont toutes les
« fractions ont montré le plus grand courage jus-
« qu'à la mort, est-elle arrivée à cette situation
« désespérée ?

« Sans doute dans quelques heures une grande
« bataille sera engagée. Il se peut que je ne te
« revoie plus. Mieux vaudrait que je rencontrasse
« une balle, mais j'accepte l'affront, si, à ce prix, je
« puis encore rendre un dernier service à l'Empe-
« reur et à l'armée. J'ai tout mon sang-froid. A toi
« je dis encore mon amour immense.

« Je t'embrasse avec une mélancolie profonde.

« *Ton* Louis. »

Puis il envoie cette note laconique à l'Empereur, exagérée en ce qui concerne les Saxons :

5^h 3o soir.

« *Débâcle* (¹) 1er corps et Saxons, forcé à battre en
« retraite vers Kœniggrætz. »

Enfin est notifié cet ordre au prince de Saxe :

8^h 15 soir.

« Je commence la retraite vers Kœniggrætz.
« Efforcez-vous autant que possible de réunir le
« corps saxon à mon armée par Bydschow et Ne-
« chanitz. »

------

1. Ce mot en français.

LXIII

PRUSSIENS

Grand quartier général

Le roi quitta Berlin le matin après avoir reçu
de la Ire armée avis que l'ennemi semblait se retirer
de Gitschin sans combat. Après midi, en route,
aucune autre nouvelle n'étant arrivée, on télégraphia *aux deux armées :*

Garc de Kohlfurt, 3o juin, midi 45.

« La IIe armée *se maintiendra* sur la rive gauche
« de l'Elbe supérieur, sa droite prête à se relier
« par Kœniginhof à la gauche de la Ire armée en
« marche.

« La Ire armée s'avancera *sans arrêt* dans la direc-
« tion de Kœniggrætz.

« L'armée de l'Elbe, si des forces assez impor-
« tantes se trouvent sur le flanc droit, devra les
« attaquer et rejeter loin du gros de l'adversaire. »

Appréciation de M. le général *Bonnal :*

« Cet ordre laconique, rédigé hâtivement dans un

« buffet de gare, ne constituait pas à proprement
« parler une *directive*. »

C'était en somme une indication de quelque importance, puisque la IIᵉ armée eût pu s'empresser
de chercher à forcer le passage de l'Elbe, et la Iʳᵉ ra-
lentir ou appuyer plus vers Kœniginhof que vers
Kœniggrætz. Quant au dernier alinéa, la prescription n'était pas indispensable.

En passant à Gœrlitz (1 heure après-midi), le roi
reçut cette dépêche du Prince royal :

Liebau, minuit 50.

« L'armée a passé les défilés et se trouve concen-
« trée près de l'Elbe d'Arnau à Kœniginhof (nous
« occupons cette ville). Le Vᵉ corps excessivement
« fatigué après ses deux victoires. Tout tranquille
« ici aujourd'hui. »

À minuit on s'installe à Reichenberg, où arrive
ce télégramme de Frédéric-Charles, très retardé
comme d'autres par des coupures de lignes impu-
tées aux troupes :

« Matin (heure manque).

« Hier soir sanglante victoire : les divisions Wer-
« der et Tümpling prirent Gitschin. Tümpling
« blessé. »

Et un instant après :

Gitschin, 10ʰ5 soir.

« *Liaison avec Prince royal* obtenue aujourd'hui
« midi par Arnau. Ire armée, *tout à fait épuisée,* a
« besoin de plusieurs jours de repos. Troupes pous-
« sées jusqu'à Choletz, cavalerie Horic. »

LXIV

PRUSSIENS

Iʳᵉ armée

Frédéric-Charles partit le 3o de bonne heure pour Gitschin. En chemin il envoya à la division de cavalerie, qui avait atteint cette ville, l'ordre de diriger sur Arnau un régiment (celui-ci marcha par Neu-Paka et rencontra à midi des patrouilles de la IIᵉ armée).

Arrivé à Gitschin, le prince reçut de nouveaux renseignements sur le combat et donna l'ordre à la division de cavalerie Alvensleben « de se porter vers Horic, afin de maintenir le contact » !

Il fallait un ordre pour faire avancer la cavalerie ! !

Compte rendu au roi :

Gitschin, 10ʰ 35.

« Arrivé ici de bonne heure ; m'avance ce soir « jusqu'à Choletz. Ennemi en retraite sur Horic— « Podiebrad. Un régiment de dragons, envoyé par « Neu-Paka, cherche liaison avec IIᵉ armée. »

Ordre de midi 3o :

« L'ennemi paraît se retirer sur Horic et Podie-

« brad. On rompra après la soupe, de manière à
« atteindre à 8 heures du soir : . . . .
« (têtes à hauteur de Choletz, avant-postes contre
« Horic—Miletin).

 « Demain à 4 heures du matin les troupes seront
« prêtes à marcher. A 3 heures (matin) elles enver-
« ront prendre les ordres à Gitschin. »

Nous avons déjà vu qu'une brigade autrichienne,
épuisée, restée en arrière, à l'apparition des escadrons d'avant-garde d'*Alvensleben*, prit une formation
contre la cavalerie, qu'elle conserva en marchant, et
atteignit Horic : on peut s'étonner que cette avant-
garde se soit avancée sans artillerie.

L'ordre de midi 30 fixait pour le stationnement
de la division de cavalerie un point situé à 9 kilomètres en arrière de l'infanterie de tête, ce qui
explique pourquoi elle ne put soutenir ses détachements avancés.

L'autre division (*Hann*) enleva quarante voitures.

Le soir, le chef d'état-major du *corps de cavalerie*
poussa avec un régiment jusqu'à Miletin, qui était
évacué.

Un capitaine fut envoyé à Kœniginhof au Prince
royal pour motiver l'inaction du lendemain.

Quant à l'*armée de l'Elbe*, elle avait dans la journée fait une courte étape et atteint en deux colonnes
les environs de Liban (sud-ouest de Gitschin).

LXV

PRUSSIENS

II⁰ armée

A la première heure le Prince royal, avant d'avoir
reçu les dernières nouvelles du V⁰ corps, adressa,
comme on a vu, une dépêche au roi. Un officier,
envoyé la nuit à Steinmetz, n'avait pu passer.

Bientôt après (4 heures) on entendit la *canonnade
de Gradlitz*. Dans la matinée même le prince se rendit auprès de la Garde et du V⁰ corps. A Kœniginhof
il aperçut des batteries ennemies sur les hauteurs
de l'autre rive de l'Elbe. A Gradlitz, il rencontra et
embrassa Steinmetz.

Le général *von Wittich*, après s'être assuré l'après-
midi, par une reconnaissance, que les passages de
l'Elbe étaient encore aux mains de l'ennemi(¹), revint
à Gradlitz, en traversant les bivouacs, *où le moral
n'était pas très élevé* (d'après son journal de campagne) :

« J'entendis avec peine exprimer de vives inquié-
« tudes ; on parlait même *d'un second Hochkirch*.

---

1. Passages de Schurg, Burg, Kukus.

« Mes paroles rassurantes ne trouvant pas d'écho,
« je partis mélancolique, espérant que le repos de la
« nuit donnerait un nouveau ressort aux esprits sou-
« cieux. »

On apprit du régiment de dragons de la Ire armée,
parvenu à Arnau et Kœniginhof, l'occupation de
Gitschin. Le Prince royal envoya alors cette note
à Frédéric-Charles :

Praussnitz, le 3o, 9 heures soir.

« Après trois jours de brillants combats de la
« Garde et du Ve corps, j'ai atteint hier l'Elbe entre
« Arnau et Kœniginhof. Demain je pousserai le
« Ier corps en avant-garde de Neustadt sur Mile-
« tin ; j'espère passer le fleuve le 2 matin avec le
« reste de l'armée et me réunir avec vous dans les
« environs de Miletin. Un régiment de cavalerie va
« demain matin à Neu-Paka établir la liaison. »

Il lança en même temps cette Instruction :

Praussnitz, le 3o, 9 heures soir.

« La Ire armée a atteint Gitschin ; notre Ier corps
« est en liaison avec elle.
« Pour effectuer la réunion des forces, je passerai
« l'Elbe demain avec l'aile droite et continuerai sur
« Miletin.
« Le Ier corps, avant-garde générale de l'armée,

« rompra demain au point du jour, dirigeant son
« avant-garde spéciale de Neustadt par Oels, Mas-
« tig, Ober-Praussnitz jusque dans la région de
« Zelejow, où elle bivouaquera (dispositions de
« sécurité contre Miletin et Zabres).

« Un régiment de cavalerie marche à l'avant-garde
« et cherche la liaison avec la Ire armée.

« Le gros suit à un demi-mille et va bivouaquer à
« Ober-Praussnitz.

« Les trains et convois suivront immédiatement
« jusqu'à Oëls.

« La division de cavalerie ira demain à Neustadt
« (l'Elbe devant son front).

« Le VIe corps gagnera les bivouacs fixés par le
« général Steinmetz.

« La Garde et le Ve corps restent demain sur leurs
« positions. »

Il défendit en outre que, *sous aucun prétexte, on
engageât une affaire.*

Compte rendu de ces dispositions fut envoyé dans
la nuit au Grand quartier général.

Ainsi le Prince royal avait compris qu'il était dangereux et inutile d'essayer de forcer le passage de
l'Elbe en présence des forces ennemies considérables
du plateau de Dubenetz. L'Historique explique cette
attitude :

« La IIe armée, ayant atteint la ligne Arnau—

« Kœniginhof, *n'avait qu'à attendre* le rapproche-
« ment de la Ire pour voir s'ouvrir *tout naturellement*
« les divers passages de l'Elbe supérieur. »

Le Grand état-major prend alors la décision *de
conserver les armées provisoirement séparées :* il était
en effet inutile de les réunir *étroitement,* puisqu'il
faudrait leur faire prendre ensuite un intervalle de
manœuvre. La Relation traite ainsi ce point impor-
tant :

« A partir de ce moment (30 juin) les deux armées
« étaient *entièrement libres* d'opérer *immédiatement*
« leur jonction, si les circonstances faisaient juger
« cette mesure nécessaire.
« *On préféra les laisser séparées :* cette division,
« *stratégiquement* sans danger, avait *tactiquement* de
« grands avantages.
« En les maintenant *à une petite journée* l'une de
« l'autre, aucune ne courait de danger si l'ennemi
« venait à l'assaillir, car il serait lui-même pris en
« flanc par l'autre. »

On retrouve cette théorie, qu'il a empruntée à
Napoléon, appliquée par Moltke aux opérations de
1870.

Remarquons seulement qu'on aurait dû profiter
de la journée du 30 pour écraser le 4e corps autrichien isolé sur la rive gauche à Dolau.

Le même jour, l'avant-garde du I⁰ʳ corps, envoyée à Arnau, poussa une partie de sa cavalerie dans la direction de Turnau. Comme Frédéric-Charles avait envoyé un régiment de Gitschin sur Arnau, les communications étaient assurées entre les deux armées, dont les opérations deviennent maintenant *combinées*.

LXVI

PRUSSIENS

Alimentation à la IIe armée

Un mot sur cette alimentation (nous avons vu combien elle était mal assurée à l'armée de l'Elbe).

Chaque homme avait comme vivres du sac : un jour de pain, un de biscuit, trois de petits vivres et café, à renouveler en principe par les convois administratifs, dotés de quatre jours. La division transportait quatre jours de viande et le corps d'armée trois d'avoine, sur chars du pays. En outre, des magasins étaient organisés à l'arrière.

Voici comment le système fonctionna, d'après le général *von Kirchbach*, commandant la 10° division :

« On avait pensé assurer un approvisionnement
« régulier : il n'en fut rien. Les troupes dépendi-
« rent entièrement des ressources locales et les
« réquisitions s'effectuèrent de vive force. »

La division se ravitailla le 26 juin en partie sur le convoi, poussé à Schwekelsdorf, en partie grâce à des entrepreneurs qui suivaient depuis Posen. L'intendance réquisitionna à Nachod pendant le combat,

mais les vivres arrivèrent difficilement aux bivouacs,
toutes les voitures ayant été aménagées pour le
transport des blessés.

Le 28 on fouilla presque en vain Skalitz : les
troupes furent absolument affamées.

Heureusement trouva-t-on en abondance le 29, à
Chwalkowitz, des bœufs, veaux, moutons et de la
bière, mais le 30 juin et le 1ᵉʳ juillet le pain et les
petits vivres manquèrent, ce qu'on explique ainsi :

« Les hommes avaient gaspillé les vivres de réqui-
« sition et jeté ceux du sac pendant les combats. »

Où était le convoi du Vᵉ corps ?

Il marchait de nuit (29 au 30), lorsque, à la suite
d'une fausse alerte, il fit *demi-tour* et rétrograda jusqu'à la frontière. Pendant cette retraite, quarante
chars disparurent ainsi qu'une partie des vivres des
voitures restantes. Ce convoi, enchevêtré ensuite au
milieu de trains d'autres unités et retardé par la
confusion régnant en arrière du champ de bataille,
atteignit seulement dans la matinée du 5 les bivouacs, que les troupes avaient déjà évacués.

HUITIÈME PARTIE

LE 1er JUILLET

LXVII

AUTRICHIENS

Dans la soirée du 3o juin et la nuit suivante Benedek fait *rétrograder* l'armée *entre la Bistritz et l'Elbe.*

L'ennemi n'inquiète pas la marche, qui s'exécute comme il était prescrit, mais *le croisement* des 6ᵉ et 10ᵉ corps, l'utilisation *de la même route* par plusieurs grandes unités, *l'à-coup* des corps de deuxième ligne contre la queue des trains du corps précédent, causent de longs retards.

L'arrivée eut lieu dans ces conditions (¹) :

2ᵉ corps, 1 brigade, Horenowes, 2 heures soir ;
   Id.   2 brigades, Nedelist, 9 heures soir ;
4ᵉ corps, 2 brigades, Nedelist, 9 heures soir ;
   Id.   1 brigade, Nedelist, 3 heures matin ;
   Id.   1 brigade laissée à Maslowed ;
1ᵉʳ corps, 1 brigade, Plotist (²) ;
Saxons, 1 brigade, en arrière de la Bistritz, 2 heures matin.

Benedek fut *péniblement impressionné et découragé par l'aspect que présentaient les troupes en marche,*

---

1. Figure 5 (p. 168).
2. Nord de Kœniggrætz.

sentant qu'une *catastrophe* était inévitable. Le général bavarois *Malaisé*, alors sur les lieux, écrivit :

« L'infanterie est très déprimée. A l'approche des
« Prussiens, il n'y a pas dans l'armée autrichienne
« confiance en une résistance victorieuse. »

A 11 heures Benedek, entrant à Kœniggrætz, trouva dans le faubourg un envoyé de l'Empereur, auquel il se plaignit amèrement de son entourage. Il reçut à ce moment un télégramme de Sa Majesté :

« Depuis vos rapports de Josephstadt (27 et
« 28 juin) et votre compte rendu télégraphique de
« Dubenetz (29), le résultat des opérations m'est
« *inconnu*. Cependant, et malgré la nouvelle d'une
« retraite devenue nécessaire sur Kœniggrætz, j'ai
« ferme confiance que votre vigueur maintiendra
« l'ordre et que votre direction énergique amènera
« une issue favorable. »

Cette note *bienveillante* ne put relever le courage du chef *désespéré*, qui télégraphia à 11ʰ30 :

« Je prie instamment Votre Majesté de conclure
« la paix à tout prix. Catastrophe imminente. »

L'ennemi n'attaquant pas, *un peu d'espérance* renaît au cœur du généralissime. A 2 heures du soir, ordre d'envoyer des patrouilles d'officier de tous côtés pour donner des nouvelles de l'ennemi.

A 2ʰ10 cette réponse de l'Empereur le trouve plus calme :

« Conclure la paix impossible. Si retraite inévi-
« table, commandez-la dans le plus grand ordre. *Une*
« *bataille a-t-elle eu lieu ?* »

Ces derniers mots exprimaient *l'étonnement* que causait à Vienne une retraite sans bataille ; ils pouvaient paraître contenir un reproche et décidèrent malheureusement Benedek à faire l'impossible et à tenter la fortune des armes.

L'après-midi il alla avec trois officiers d'état-major reconnaître Trotina (¹), Sandrasitz, Nedelist, Chlum et Problus (²). Partout les troupes l'acclamèrent ; le moral semblait remonté. Le soir, à son retour, il envoya cette note aussi *simple et laconique* comme rédaction que *colossale* comme conséquences :

« Demain l'armée restera sur ses positions. »

Le commandant en chef du génie, colonel Pidol, eut l'ordre d'organiser quelques défenses entre Nedelist et Lipa.

------

1. Sur l'Elbe.
2. Sud-ouest de Wsestar.

A 11 heures de la nuit le généralissime télégraphia à l'Empereur :

« Le 8ᵉ corps a beaucoup souffert, les 6ᵉ et 10ᵉ
« extraordinairement. Le 1ᵉʳ et les Saxons ont besoin
« de plusieurs jours pour se remettre. Le 4ᵉ a aussi
« éprouvé des pertes.

« Donc, *après des combats partiels, sans bataille,*
« sur les huit corps deux seulement sont intacts,
« mais très fatigués (ainsi que la cavalerie et l'artil-
« lerie de réserve); tous ont besoin de reprendre des
« forces; ils manquent en outre de chaussures et de
« divers objets, le 10ᵉ surtout d'ustensiles de cui-
« sine.

« Nos grandes pertes résultent principalement du
« *fusil à aiguille.*

« Si dans ces conditions se produisait *une attaque*
« *énergique* de l'ennemi avant que le 1ᵉʳ corps et les
« Saxons aient repris de l'ordre et que l'armée se
« soit un peu remise, *la catastrophe* serait inévitable.

« *Heureusement l'adversaire n'est pas agressif jus-*
« *qu'à présent.* »

Quel éloge pour Moltke ! Ce n'est pas en tous cas
sa cavalerie qui est agressive : elle embarrasse les
cbnvois! Benedek continue :

« Demain je fais reposer l'armée et recule les
« trains. Mais je ne puis rester plus longtemps ici,

« parce qu'après-demain *on manquerait d'eau* dans
« les bivouacs : le 3 *je continuerai donc la retraite*
« *sur Pardubitz.*

« *Si je ne suis pas débordé,* je puis compter sur
« les troupes et s'il s'offre l'occasion d'un *retour of-*
« *fensif,* je l'exécuterai, *mais j'ai en vue de reporter*
« *l'armée vers Olmütz.*

« J'exécuterai les ordres de Votre Majesté tant
« que mes forces me le permettront et toujours avec
« un esprit de sacrifice absolu. »

Ainsi Benedek veut continuer sa retraite le 3 sur
Pardubitz, non à cause de l'ennemi et de la situation critique entre les Iʳᵉ et IIᵉ armées, mais par
suite de *manque d'eau !* La marche sur Olmütz est
d'ailleurs conditionnelle et il pense même encore à
l'offensive ; enfin il croit *qu'il peut n'être pas débordé.*

Remarquons qu'en somme l'Empereur l'a laissé
libre et qu'il a tort de se croire engagé par les mots :
« Une bataille a-t-elle eu lieu ? » Si l'envoyé du sou-
verain a porté des instructions comminatoires, *la
situation est celle de Mac-Mahon avant Sedan.* Suivant
le principe posé par Napoléon, le devoir commandait
à Benedek d'envoyer sa démission, sans faiblesse,
dans l'intérêt supérieur de l'armée et du pays.

LXVIII

PRUSSIENS

Grand quartier général

Dans cette journée les états-majors viennent à :

Grand quartier général. .   Sichrow.
Ire armée. . . . .   Kamenitz.
IIe armée. . . . .   Kœniginhof.

Le lendemain devant être *jour de repos* aux deux
armées, le roi remit son voyage à Gitschin et s'at-
tarda au château de Sichrow. Le Grand quartier général s'y formait; les généraux commandant l'artillerie et le génie n'étaient pas arrivés : ils n'assistèrent
même pas à la bataille de Sadowa !

De Roon dépeint ainsi le calme qui règne maintenant :

« Nous pouvons *laisser venir* les événements : à
« nous toutes les chances ! »

Cependant l'inquiétude renaît au reçu du compte
rendu du Prince royal, qui doit passer l'Elbe le 2.

Aussitôt s'engagent *des conversations télégraphiques
des plus curieuses* :

*Quartier-maître général
à sous-chef état-major Ire armée.*

« Sait-on *pourquoi* le Prince royal passe l'Elbe
« avec tous ses corps, malgré les ordres? »

La réponse résume la dernière lettre du Prince
royal.
Autre demande :

Un officier du Grand quartier général au même.

« Les Autrichiens ne sont-ils pas retirés sur Par-
« dubitz? »

Réponse :

« Ils ont quitté la rive droite de l'Elbe. S'ils ont
« pris vers Pardubitz, on n'en sait rien. »

Moltke questionne aussi :

Au sous-chef état-major Ire armée.

« Le prince Frédéric-Charles reste-t-il à Gitschin?
« Est-il désirable que le roi y vienne ce soir? Êtes-
« vous en relation télégraphique avec Prince royal? »

Réponse :

« Le prince va ce soir à Kamenitz. *Aucune liaison*
« *télégraphique avec Prince royal.* Un capitaine a été
« envoyé vers lui. *La Ire armée attend d'autres ordres*
« *en raison du passage de l'Elbe qu'a en vue la IIe.* »

Combien étrange cet échange de dépêches en un
pareil moment !

Alors Moltke se décide enfin à partir le soir même
pour Gitschin, accompagné par deux officiers.

LXIX

PRUSSIENS

IIe armée

Avant de se mettre en route pour Gitschin, Moltke
lança ces dépêches :

Au Prince royal.

1^h15 soir.

« D'après mon télégramme chiffré d'hier, la IIe ar-
« mée doit *se maintenir* sur la rive gauche de l'Elbe.
« N'est-il pas arrivé? ou quelles raisons vous font
« décider de passer avec toute l'armée sur la rive
« droite? »

Au général Blumenthal.

4^h20 soir.

« Je vais à Gitschin. La Ire armée a repos demain
« et peut-être après-demain. Je désire m'entretenir
« avec un de vos officiers. »

Le télégraphe étant de nouveau coupé, ces dépêches n'arrivèrent que dans la nuit.

Le matin, lorsque la dépêche du 3o de Frédéric-Charles parvint au Prince royal, il avait déjà reçu le télégramme expédié en gare d'Hohlfurt, prescrivant à la IIe armée de se maintenir sur la rive gauche de l'Elbe, mais il y avait des incertitudes dans le déchiffrement ; on n'était pas sûr de bien comprendre les mots : *se maintiendra*.

Bientôt arriva à la IIe armée un capitaine de l'état-major de la Ire, qui renseigna sur la situation du côté de Gitschin et sur les vues de Frédéric-Charles.

Les avant-postes annonçaient de tous côtés que *l'ennemi avait disparu ;* quant à savoir ce qu'il était devenu, on se perdait en conjectures : *le service de découverte était singulièrement fait par la cavalerie prussienne !*

L'idée de passer le 2 avec toute la IIe armée sur la rive de l'Elbe, maintenant inoccupée, fut abandonnée, soit en raison du projet de la Ire armée de se reposer ce jour-là, soit à cause de la dépêche d'Hohlfurt, maintenant mieux comprise.

Dans un entretien télégraphique avec Moltke, le sous-chef d'état-major de la Ire armée annonçait (de Gitschin, 5ʰ45 soir) :

« Le capitaine revenant de voir le Prince royal
« dit que celui-ci se conformera à l'ordre qu'il a
« reçu tardivement. »

Un nouveau télégramme de Moltke (¹) parvint à
la IIe armée (de Reichenberg, 9 heures matin) :

« Le roi arrivera peut-être aujourd'hui à Gitschin ;
« envoyez-y un officier. »

Blumenthal répondit :

Praussnitz, Ier juillet, 8 heures soir.

« Reçu ce soir seulement télégramme sur envoi
« officier Gitschin. Je le fais marcher de nuit.

« Le prince Frédéric-Charles nous a envoyé au-
« jourd'hui un capitaine, qui a fait connaître la néces-
« sité *d'un repos* au moins demain. *On perd ainsi*
« *un temps précieux.* Cependant je dois y consentir.
« D'ailleurs, de notre côté le ravitaillement des co-
« lonnes de vivres exige quelques jours. *Puisqu'on*
« *a laissé à l'ennemi le temps* de se retirer sans l'in-
« quiéter, il vaut peut-être mieux se remettre en
« état de le combattre et disposer tout pour la marche
« prochaine vers la bataille décisive.

« Je crois comprendre d'après le télégramme d'hier
« (obscur dans le déchiffrement) qu'il est dans vos
« vues de chercher à rejeter l'ennemi dans les mon-
« tagnes de Glatz en exerçant l'effort principal sur
« sa gauche. Mais je crois que la plus grande partie
« des Autrichiens s'est retirée ; ils se concentreront

---

1. *Via* Reinerz.

« peut-être à Neu-Kolin, par exemple, derrière
« l'Elbe. Nous les rencontrerons en prenant le che-
« min direct sur Vienne.

« Demain l'avant-garde du Ier corps occupera
« Miletin, le gros restant à Praussnitz. Conformé-
« ment à vos vues, je ferai passer demain après-
« midi l'Elbe à la Garde. »

Cette ignorance de l'ennemi, cette hypothèse sur
sa retraite sont surprenantes !

Nouvelle dépêche de Blumenthal au reçu du télégramme en retard envoyé par Moltke à 4[h] 20 :

Minuit et demie.

« La dépêche chiffrée n'était pas claire ; la IIe ar-
« mée restera immobile jusqu'à nouvel ordre. »

Tous ces *malentendus*, à l'instant le plus critique
de l'histoire de la Prusse, résultent de ce que le roi
et Moltke, qui sont trop restés à Berlin, s'oublient
maintenant au château de Sichrow. Il était insuffi-
sant de laisser les deux commandants d'armée agir
suivant leur propre initiative ; *ils n'étaient d'ailleurs
pas reliés télégraphiquement.*

Si, en donnant l'ordre à la IIe armée *de se maintenir*, on avait une idée, il fallait *au moins l'expliquer ;*
si l'on voulait réellement réserver un intervalle de
manœuvre entre les armées, on devait en informer
leurs chefs.

Cette idée de séparation est bien compromise : le
Ier corps (Arnau) passe l'Elbe pour gagner Ober-
Praussnitz, la Ire armée part à 3 heures, s'avançant
vers l'est. Encore une marche semblable et l'intervalle de manœuvre va disparaître. Moltke s'en rendit compte le 1er juillet dans la soirée par les rapports parvenus et envoya l'ordre aux Ire et IIe armées
de rester où elles étaient. Seule celle de l'Elbe gagna
du terrain vers le sud pour prendre, elle aussi, son
intervalle de manœuvre.

LXX

PRUSSIENS

Ire armée

La dépêche d'Hohlfurt n'arriva à la Ire armée que dans la nuit du 3o juin au 1er juillet. On se rappelle qu'elle contenait cette prescription :

« S'avancer sans arrêt vers Kœniggrætz. »

Un ordre de l'armée, préparé de bonne heure, indiquait en conséquence la nécessité d'attaquer, pour aider la IIe armée, qui ne pouvait forcer le passage de l'Elbe à Kœniginhof.

Mais la *situation changea* par suite de la retraite des Autrichiens. Un nouvel ordre fut envoyé à 11^h3o, fixant les localités à atteindre. Des modifications ayant été faites ensuite, indiquons le stationnement réel :

Quartier général de l'armée . .	Kamenitz.
IIe corps	Nord de Miletin.
5e et 6e divisions	Miletin.
7e division	Horic.
8e division	Sud d'Horic.
Division de cavalerie Alvensleben	Vers Miletin.
Division de cavalerie Hann. . .	Baschnitz.
Armée de l'Elbe, avant-garde . .	Smidar.
— — gros	Nord-ouest de Smidar.

La situation nouvelle était ainsi expliquée au roi :

Gitschin, 1er juillet, 11^h 45 matin.

« L'ennemi, qui se trouvait sur le bord escarpé
« de l'Elbe vis-à-vis de Kœniginhof, s'est retiré ce
« matin dans la direction de Josephstadt.

« La Ire armée va rompre les bivouacs à 3 heures
« après midi, ses têtes devant atteindre Miletin,
« Horic, Milowitz. »

La sécurité de ce mouvement est assurée par la
cavalerie des avant-gardes, plus quinze escadrons.
La cavalerie marche cette fois, par hasard, et elle ne
signale pas l'ennemi ! Remarquons qu'il existait un
corps de cavalerie : on avait étudié Napoléon, on le
copiait, mais ce corps ne savait pas faire *10 kilomè-*
tres en avant de l'infanterie !

NEUVIÈME PARTIE

—

PRÉLIMINAIRES DE LA BATAILLE

LXXI

AUTRICHIENS

Le 2 juillet dans la matinée

La cavalerie autrichienne semble bien démoralisée,
car elle ne cherche pas à atteindre le point fixé de
Horic, où elle eût rencontré les avant-gardes des
7ᵉ et 8ᵉ divisions prussiennes.

Jusqu'à la matinée du 2 n'arrive *aucune nouvelle*
à Benedek, qui croit par suite que l'ennemi n'a pas
suivi. Désirant avant tout donner du repos à ses
troupes, si possible, il demande d'urgence à tous
les corps :

« Est-on pourvu d'eau suffisamment sur la posi-
« tion? Sinon, pourrait-on remédier à cette pénurie
« par un léger déplacement? »

Il fait en outre partir de tous côtés des reconnaissances d'officier et convoque pour midi les commandants des grandes unités avec leurs chefs d'état-
major.

A 8ʰ 15 le colonel du génie Pidoll annonçait(¹) :

« Vers Chlum renforcement par travaux très dé-
« sirable.

---

1. Figure 5 (p. 168).

« Quatre compagnies et demie de sapeurs com-
« mencent cinq batteries entre Chlum et les hau-
« teurs de Nedelist (¹). La position sera *dominée par*
« *celle de Maslowed.* »

Elle était dominée à 1 000 mètres !

La matinée se passant toujours sans nouvelles de
l'ennemi, on reprit courage. A 11ʰ25 le chef d'état-
major général télégraphia au premier aide de camp
à Vienne :

« J'espère que les impressions de l'envoyé de
« l'Empereur sont considérablement modifiées par le
« télégramme de la nuit dernière du généralissime.
« Il est venu précisément au moment le plus mal-
« heureux. *Tout peut encore s'améliorer.* »

Vers midi arriva ce renseignement :

Bivouac de Lochenitz (sur l'Elbe).

« Un demi-escadron a été repoussé à Wrchownitz
« (nord d'Horenowes) par le feu violent d'infanterie
« de forts détachements ennemis, dont l'artillerie fut
« forcée à la retraite par l'artillerie des avant-postes
« du 8ᵉ corps. »

---

1. On construisit encore deux batteries à Lipa, avec abatis aux
bois à l'est du village (les cinq premières batteries renforcées par
des ouvrages de compagnie). Le 3 au matin les pointes ouest de
Lipa et Chlum furent mises en état de défense, ainsi que Nieder-
Prim, Problus et un bois au sud.

Le commandant du 8ᵉ corps, arrivant à la conférence, ignorait l'incident. Benedek indiqua qu'un fait aussi grave méritait confirmation et en profita pour garder le silence sur les directives qu'on attendait, s'en tenant aux considérations générales sur la discipline et le moral des troupes. Les réponses relatives à l'eau étant toutes favorables, il parla d'accorder *quelques jours de repos* à l'armée.

Alors le général baron *Edelsheim* fit cette objection :

« L'armée jouira difficilement du repos attendu :
« elle sera attaquée peut-être le soir même, sûre-
« ment le lendemain matin. »

Benedek, évitant de répondre et d'aborder ce sujet, insista sur la nécessité de reconnaissances à grande envergure.

Le devoir d'un chef tel qu'Edelsheim et des autres généraux, était de forcer le généralissime à envisager la réalité de la situation. Comme souvent en pareil cas, une discipline mal comprise eut raison du bon sens et prévalut malgré tant d'intérêts capitaux en jeu. Les généraux se retirèrent silencieux, ignorants, par suite découragés. Ils venaient d'avoir une conversation banale sur l'eau ou le service intérieur et n'avaient pas appris dans quelles conditions se livrerait demain une des plus grandes batailles de l'histoire.

LXXII

AUTRICHIENS

Le 2 juillet soir

Benedek s'occupa ensuite de son personnel, et, ses doléances n'ayant pas eu de sanction, télégraphie :

$1^h 40$ soir.

« Je désire remplacer par Baumgarten mon sous-
« chef Krismanic, qui n'est pas à hauteur. »

Sa demande se croisa avec la décision impériale :

« Faire rentrer Henikstein et Krismanic, destitués.
« Choisissez dans l'armée un chef d'état-major, dont
« la capacité et l'énergie vous donnent toute con-
« fiance. Clam-Gallas rejoindra aussi Vienne ; le
« remplacer par un général capable. »

Pendant ce temps arrivaient des renseignements de la cavalerie, portant :

« A Cerekwitz (nord-ouest d'Horenowes), 27ᵉ ré-
« giment prussien ; Dubenetz et Miletin occupés
« aussi.

« Une grande partie de la II° armée encore dans
« ses bivouacs au delà de l'Elbe.

« A l'est du fleuve jusqu'à Neustadt on ne s'est
« heurté qu'à des patrouilles. »

Puis ce compte rendu de reconnaissance d'officier :

« Un corps d'armée environ campe *au nord de
« Kœniginhof,* des deux côtés de la route de Trau-
« tenau; l'infanterie se couvre jusqu'au delà de
« *Gradlitz.* »

Une attaque était donc possible le lendemain.
Benedek prend alors la résolution définitive qui
va décider de la campagne, des destinées de l'Autriche, de la Prusse... et par suite de la France : *il
accepte la bataille.*
A 3ʰ30 compte rendu à l'Empereur :

« L'armée reste demain sur sa position de Kœ-
« niggrætz.

« Le repos d'un jour, avec ravitaillement en vivres,
« a eu bon effet.

« J'espère que la retraite ne sera pas nécessaire. »

A 4 heures il envoie aux corps cet ordre laconique :

« L'armée reste demain sur sa position. »

A accepter la bataille, on se demande pourquoi il ne se retira pas *derrière l'Elbe,* car on avait encore le temps de passer le fleuve sans être inquiété. Si la conférence de midi avait été un véritable conseil de guerre, avec discussion, *n'est-il pas vraisemblable que cette solution eût prévalu* ([1])?

Vers le soir, le 3ᵉ corps signale des colonnes ennemies sur la ligne Horenowes-Cerekwitz et annonce l'occupation de Bydschow ([2]) !

A 7ʰ30 arrive cette note du prince de Saxe :

« D'après la 1ʳᵉ division de cavalerie légère, l'en-
« nemi s'approche de Nechanitz. *Je demande des*
« *instructions.* J'attends *pour demain* une attaque *en-*
« *veloppante.* »

Benedek se borne à porter le 8ᵉ corps derrière les Saxons :

Ordre au 8ᵉ corps, 9 heures soir.

« Rompre le 3 de bonne heure le camp de Nede-
« list, aller en prendre un autre à Charbusitz.

---

1. Considérer que la distance Josephstadt—Kœniggrætz est de 18 kilomètres et que Benedek a eu à Sadowa un front de 12 kilomètres. Sur la rive gauche de l'Elbe, il pouvait par exemple appuyer sa gauche à la place de Kœniggrætz et prescrire une vigoureuse offensive, pendant la bataille, de la garnison de Josephstadt, qui comptait 7 200 hommes. Il devait être prêt à déboucher sur la rive droite si l'ennemi, n'attaquant pas, manœuvrait vers le sud.

2. Figure 5 (p. 168), Bydschow à l'ouest de Nechanitz, qui est sur la Bistritz.

« Avertir les Saxons et la division de cavalerie
« Edelsheim. »

Il charge Krismanic de rédiger une Instruction
pour la *conduite en cas d'attaque*. Elle fut donnée *à
la copie à 11 heures*. A 2^h 15 du matin seulement
partirent les officiers d'ordonnance ; les troupes ne
la reçurent qu'entre 3 et 4 heures [1].

ORDRE DE L'ARMÉE

Nuit du 2-3.

« *Nouvelles de l'ennemi :* de grandes masses de
« troupes sont dans les environs de Bydschow,
« Smidar, Horic (escarmouches d'avant-postes au
« nord de Nechanitz).

« D'après la position de l'ennemi, une attaque est
« possible demain, dirigée d'abord contre le corps
« saxon.

« *En cas d'attaque :*

« Les *Saxons* occuperont les hauteurs de Popo-
« witz [2], l'aile gauche un peu en retrait, couverte
« par la cavalerie de corps ; pousser des troupes en
« avant de la position.

« La *1ʳᵉ division de cavalerie légère* se tiendra un

---

1. Le 2ᵉ corps (Lochenitz) à 4 heures exactement, bien que la
distance à parcourir ne fût que de 7 kilomètres sur une belle route.
2. Sur la Bistritz.

« peu en arrière de l'extrême gauche (Problus et
« Prim) sur un terrain favorable.

« Le *10ᵉ corps* se place à droite des Saxons,

« Le *3ᵉ*, à droite du 10ᵉ, occupant Lipa et Chlum,

« Le *8ᵃ*, en soutien des Saxons, derrière eux (rom-
« pre immédiatement).

« Les autres troupes, tant que l'attaque sera limi-
« tée à notre aile gauche, resteront en position d'at-
« tente. Si l'attaque ennemie prenait plus d'ampleur
« et atteignait notre centre ou notre droite, toute
« l'armée se mettrait en ordre de bataille comme il
« suit :

« Le *4ᵉ corps* se déploiera à droite du 3ᵉ sur les
« hauteurs entre Chlum et Nedelist;

« Le *2ᵉ* à l'extrême droite, à côté du 4ᵉ;

« La *2ᵉ division de cavalerie légère* se porte der-
« rière Nedelist, en attente;

« Le *6ᵉ corps* se rassemble sur les hauteurs de
« Wsestar;

« Le *1ᵉʳ corps* marche vers Rosnitz, concentré
« comme le précédent.

« Les *1ʳᵉ et 3ᵉ divisions de cavalerie de réserve* se
« portent sur Sweti, la 2ᵉ vers Briza.

« *Réserve d'artillerie* de l'armée : derrière les
« 1ᵉʳ et 6ᵉ corps.

« Forment *Réserve générale :* 1ᵉʳ et 6ᵉ corps, les
« cinq divisions de cavalerie, la réserve d'artillerie.

« *Le matin de bonne heure toute l'armée sera prête*
« *à livrer bataille.*

« Je me tiendrai à l'aile gauche si elle est seule
« attaquée; en cas de bataille générale, sur la hau-
« teur de Chlum. »

On sait que les corps d'armée ne devaient pas
prendre les positions qui leur étaient ainsi fixées, —
mal fixées en raison du manque de reconnaissances.

L'ordre de l'armée se terminait ainsi :

« La retraite, si on y était forcé, aurait lieu sur
« la route d'Holitz([1]), sans toucher la place forte de
« Kœniggrætz.

« Demain seront données les dispositions pour
« cette retraite éventuelle([2]). »

Suivaient les ordres pour la construction de quatre
ponts à Placka et Lochenitz([3]). A Placka (2^{km},5oo de
Kœniggrætz) soit, et encore..., mais à Lochenitz —
à 7 kilomètres — c'était par trop extraordinaire : il
fallait être vainqueur pour passer là !

Dans cette même nuit Benedek écrivit à sa femme:

« Le sort m'a favorisé, car je me suis tiré de ma
« situation compromise à ma gauche et en arrière
« par les malheurs de Clam-Gallas et des Saxons.

---

1. Carte n° 1.
2. Ce fut d'un effet désastreux.
3. Figure 5 (p. 168). Le matériel existant suffisait pour deux ou
trois autres ponts. Si l'on ne trouvait pas de points de passage
favorables, il fallait au moins doubler les ponts.

« Maintenant j'attends pour aujourd'hui ou demain
« une grande bataille décisive. Si mon ancienne
« chance ne me lâche pas tout à fait, cela peut con-
« duire à une bonne fin. S'il en est autrement, je
« dirai avec soumission : Que la volonté de Dieu
« soit faite !

« *Toi, mon Empereur, l'Autriche,* dominez mes
« pensées et sentiments.

« Je suis calme, et lorsque le canon tonnera, je
« m'en trouverai bien. Dieu te garde ! »

Transportons-nous maintenant du côté prussien.

LXXIII

PRUSSIENS LE 2 JUILLET

Iʳᵉ armée

La bataille faillit ne pas avoir lieu le 3. Si elle se produisit pour la gloire des armées prussiennes, le mérite en revient non à Moltke, mais à Voigt-Rhetz, dont les reconnaissances découvrirent que de nombreuses forces ennemies se trouvaient *encore en deçà de l'Elbe,* tandis que l'on croyait l'armée autrichienne derrière le fleuve.

Frédéric-Charles, sur le conseil de son chef d'état-major, prit alors la *résolution d'attaquer.*

Plus tard, dans la nuit, le roi décida que le *Prince royal marcherait aussi* avec toutes ses forces.

Au Grand état-major, le colonel *von Stiehle* insistant dans une note pour qu'on lui laissât le temps d'effectuer les ravitaillements, le roi écrivit en marge:

« C'est bien inquiétant! mais qu'y faire? » — W.

A 5 heures du matin arriva au quartier général à Kamenitz le renseignement d'un colonel qui, avec un bataillon et un escadron d'avant-garde (divi-

vision Franseccky), avait poussé dans la nuit sur Cerekwitz :

1er-2 juillet, minuit.

« Près de Lipa feux de bivouacs autrichiens. Les
« habitants disent que des troupes ennemies, cam-
« pées à Bürglitz, ont marché de 8 heures du matin
« à 3 heures du soir vers Lipa. »

Pour vérifier cette nouvelle, le major *von Unger,*
de l'état-major de la Ire armée, fut envoyé en reconnaissance à 9^h30 du matin (un peu *tard* par conséquent).

Frédéric-Charles revint avec Voigt-Rhetz et Stülpnagel à Gitschin, et se porta de là au-devant du
roi, arrivant de Turnau. Moltke lança alors l'ordre
ci-après, dont le premier alinéa peut être considéré
comme *tardif* :

ORDRE POUR LE 3 JUILLET

2 juillet, 1 heure après midi.

« Pour les prochaines opérations, il s'agit *avant*
« *tout de découvrir* la position actuelle des forces
« principales ennemies, puisque *le contact a été*
« *perdu* malgré une série de combats heureux, en-
« *suite* de connaître dans quelles conditions *une atta-*
« *que* peut être exécutée.

« *Il est ordonné pour le 3 juillet ce qui suit :*

« L'*armée de l'Elbe* sera dirigée sur Chlumetz ([1]),
« avec mission de surveiller du côté de Prague et
« de s'assurer des passages de l'Elbe en aval de
« Pardubitz.

« La *Ire armée* s'avancera sur la ligne Bydschow—
« Horic, l'aile gauche envoyant un détachement vers
« Sadowa reconnaître la ligne de l'Elbe de Kœnig-
« grætz à Josephstadt.

« *Si* en avant de cette ligne se trouvent encore
« des forces de l'ennemi assez importantes et *si* elles
« ne sont pas trop considérables, *elles seront aussitôt*
« *attaquées* en s'assurant la plus grande supériorité
« numérique possible.

« Le *Ier corps* marche par Miletin vers Bürglitz et
« Cerekwitz, surveillant Josephstadt ; il couvre la
« marche vers la droite de la IIe armée, au cas où
« elle serait ordonnée.

« *La IIe armée* (sauf le Ier corps) *reste encore le 3*
« *sur la rive gauche de l'Elbe,* reconnaissant l'Aupa
« et la Mettau.

« Les renseignements sur l'ennemi et le terrain
« seront aussitôt envoyés.

« *Si* la conclusion à tirer de ces rapports est
« qu'une attaque concentrique des deux armées sur
« la force principale ennemie, supposée entre Joseph-

---

1. Carte n° 1. Mouvement excentrique ; elle pointera bientôt sur
Nechanitz (fig. 5, p. 168).

« stadt et Kœniggrætz (rive gauche) se heurte à de
« trop fortes difficultés, ou *si* les Autrichiens ont
« déjà *évacué* en grande partie cette région, alors la
« marche générale se continuera dans la direction
« de *Pardubitz*. »

On voit *quelle incertitude* règne sur l'ennemi et
comme on est loin de le supposer sur la rive droite!
Moltke ne veut pas, avec raison, mettre en mouvement la IIe armée sans y voir un peu plus clair; il
demande des renseignements et les attend, mais,
nous le répétons, il s'y est pris *trop tard :* on les
aurait depuis longtemps *s'il s'était réservé une cava-*
lerie du généralissime à sa disposition.

Enfin le voile est déchiré! Un lieutenant annonce
Benatek([1]) fortement occupé par des détachements
de toutes armes; le 3e uhlans, s'étant avancé de
Miletin jusqu'à un mille de Josephstadt, a aperçu
de grandes masses d'infanterie; enfin le major *von*
Unger a poussé par Milowitz *vers Dub*([2]) avec un
peloton de uhlans; il eut plusieurs blessés, sa tunique
fut traversée d'un coup de lance, mais il rapporte
triomphalement à 6[h]30 du soir *ce relevé des positions*
ennemies :

« Une brigade du 3e corps à *Dub* en avant-pos-

---

1. Benatek, entre Sadowa et Horenowes (au nord du Swiep-
Wald).
2. Figures 4 (p. 138) et 5 (p. 168).

« tes, le reste du corps à *Sadowa,* le 10e à *Lan-*
« *genhof*(¹), Saxons à *Problus,* plus loin en arrière
« le 1er corps vers Kœniggrætz. »

C'est un modèle classique de reconnaissance !

Donc certitude que des forces ennemies très importantes se trouvaient *en deçà* de l'Elbe : d'après *l'ordre précédent on devait les attaquer* si l'on avait la supériorité numérique recommandée ; *fallait-il fondre sur elles avec la Ire armée seule ?* La directive de Moltke était en somme *en défaut.* Frédéric-Charles décide d'*attaquer.*

ORDRE DE LA Ire ARMÉE

2 juillet, 9 heures soir.

Seront à 2 heures du matin :

7e division	à Cerekwitz,
8e division	à Milowitz,
IIe corps	à Psanek.

A 3 heures :

5e et 6e divisions. .	au sud d'Horic,
Cavalerie de corps.	(reste au bivouac, à la disposition),
Réserve d'artillerie.	se porte à Horic, près des routes de Gitschin et Miletin.
Armée de l'Elbe . .	s'avance avec le plus de troupes possible *sur Nechanitz* et y arrive le plus tôt possible.

---

1. Sud-ouest de Chlum.

« Le commandant de l'armée se tiendra à Milo-
« witz. »

Le général von Voigt-Rhetz se rendit de Kamenitz
au Grand quartier général à Gitschin pour rendre
compte et prévint le Prince royal par cette note :

2 juillet, soir.

« J'ai eu par Sa Majesté connaissance de votre
« proposition d'effectuer demain une reconnaissance
« vers l'Aupa et la Mettau.

« Mes connaissances d'aujourd'hui annoncent qu'à
« *Lipa et Sadowa* sont rassemblées des forces enne-
« mies très importantes, qui ont poussé leur avant-
« garde jusqu'à *Dub*.

« *J'attaquerai l'ennemi demain 3 juillet* pour le
« rejeter sur l'Elbe, ce qui est en conformité avec
« votre proposition.

« Comme d'assez fortes masses de troupes ont
« passé sur la rive droite de l'Elbe par Josephstadt,
« on peut supposer qu'elles opéreront contre ma
« gauche, tandis que je m'avancerai *sur Kœniggrætz*.
« Cette diversion me forcerait à partager mes forces,
« ce qui empêcherait d'atteindre pleinement le but
« désiré : *la destruction des corps ennemis*.

« Je vous demande donc, pour assurer ma gau-
« che, *d'avancer demain au moins la Garde* par
« Kœniginhof dans la direction de Josephstadt sur la
« rive droite de l'Elbe. J'exprime d'autant plus ce

« désir que je ne puis compter sur l'arrivée à temps
« du Ier corps à cause de l'éloignement, et que, d'au-
« tre part, suivant mes prévisions, *vous ne rencon-*
« *trerez pas de forces importantes dans la reconnais-*
« *sance que vous allez entreprendre.*
    « Mon aile gauche se trouvera à Cerekwitz. »

Le Prince royal *refusa* sa coopération, comme
nous allons voir.

LXXIV

PRUSSIENS LE 2 JUILLET

IIe armée

Blumenthal passa deux heures à Gitschin au
Grand quartier général pour réclamer *contre le maintien* de la IIe armée sur la rive gauche de l'Elbe.

Il pensait, avec le Prince royal, que la réunion des
forces, virtuellement obtenue, devait maintenant s'effectuer réellement. Après avoir pris connaissance de
l'ordre envoyé par Moltke dès son arrivée à Gitschin,
il fut reçu par le roi.

Leur entretien a été résumé par lui-même :

« Le roi écouta avec bienveillance mes remarques
« sur la nécessité de la réunion des armées et mes
« craintes sur les conséquences de grandes recon-
« naissances partielles, mais *ne trancha pas* la ques-
« tion.

« Dans la conversation qui suivit avec Moltke,
« celui-ci concéda qu'il fallait éviter le danger d'être
« battu séparément : nous ne devions donc faire nos
« reconnaissances sur la rive gauche de l'Elbe qu'a-
« vec de faibles détachements.

« Mais le passage de l'Elbe par toute la IIe armée

« *ne pouvait être agréé* que quand la situation serait
« devenue plus claire. »

Blumenthal gagna alors Kœniginhof, nouveau
quartier général de l'armée. Dans ses *Mémoires* il
critique encore les vues de Moltke :

« Le Grand état-major supposait toute l'armée
« autrichienne *derrière l'Elbe* entre Josephstadt et
« Kœniggrætz. L'attaquer dans cette position ne
« pouvait se faire en même temps par les deux rives
« de l'Elbe, car le danger d'une telle opération tombe
« sous le sens : séparés par le fleuve et deux forte-
« resses, nous pouvions être battus isolément.
« Moltke coupait la tête du beau plan d'opérations
« du 22 juin ! »

On voit *combien Benedek avait eu tort de ne pas
se retirer derrière l'Elbe.* On pense aussi combien
Moltke dut se réjouir lorsque Voigt-Rhetz, arrivant
de Gitschin, lui annonça que l'adversaire était *en
deçà* du fleuve. *L'ordre d'attaque* fut aussitôt rédigé
et approuvé :

Instructions à la IIe armée.

Gitschin, 2 juillet, 11 heures soir.

« D'après les nouvelles parvenues à la Ire armée,
« l'ennemi, avec environ trois corps qui peuvent

« avoir été ensuite renforcés, *s'est avancé* jusqu'au
« delà de la Bistritz, à *Sadowa*. On doit s'attendre
« là à une *rencontre* avec la Ire armée demain au
« point du jour.

« Il a été ordonné que la Ire armée se tiendra *à*
« *2 heures du matin* à Horic, Milowitz, Cerek-
« witz, etc.

« Son Altesse le Prince royal voudra bien prendre
« de suite les dispositions pour *s'avancer avec toutes*
« *ses forces au secours de la Ire armée,* contre le *flanc*
« *droit* du déploiement probable de l'ennemi et *l'at-*
« *taquer aussitôt que possible.*

« Les ordres de cet après-midi, visant une autre
« situation, sont abrogés. »

L'ordre fut porté *dans la nuit* à Kœniginhof *par*
deux officiers, disposition *insuffisante* en raison de
son extrême importance : une expédition était con-
fiée au lieutenant de hussards von Normann, qui prit
par Kamenitz, une autre au lieutenant-colonel von
Finckenstein, qui suivit un chemin plus direct (par
Choletz), et devait, en passant devant les avant-postes du Ier corps, remettre cette note pour le général
Bonin :

« Demain de très bonne heure il y aura vraisem-
« blablement rencontre de la Ire armée avec trois
« corps ennemis près de la Bistritz, dans la région de
« Sadowa. Rassemblez aussitôt votre corps pour être

« prêt, si l'ordre arrive du Prince royal, à attaquer
« éventuellement comme vous l'entendrez, suivant
« les circonstances. »

Normann arrive le premier; près de Kœniginhof,
il rejoint Blumenthal, revenant de Gitschin. Écoutons
son récit :

« Je rendis compte au chef d'état-major de ma
« mission ; comme il me demanda mon ordre, je lui
« répondis que, d'après mes instructions, je devais
« le remettre au prince en personne. Alors il me
« devança. J'arrivai vers minuit et demi et fus aussi-
« tôt reçu par le prince, qui, étendu sur son lit, par-
« courut le papier et dit textuellement : Je soutien-
« drai Frédéric-Charles non avec une partie de mes
« forces (¹), mais avec toute mon armée.
« Il ordonna à Blumenthal de faire prendre les
« armes, m'invita à attendre une réponse et me con-
« gédia gracieusement. J'attendis longtemps, *une*
« *bonne heure au moins,* puis reçus la réponse et
« partis. »

Cette réponse, non pour le roi ou pour Moltke,
mais pour le commandant de la Iʳᵉ armée, de la

---

1. Allusion probable à la demande précédente de Frédéric-Charles.

main de Blumenthal et signée par lui, paraît *fort
étrange* :

Kœniginhof, 3 juillet, 3 heures matin.

« Au nom du commandant de la IIe armée, je vous
« fais connaître qu'aujourd'hui de bonne heure une
« *reconnaissance* est exécutée par le VIe corps con-
« tre Josephstadt sur la rive gauche (¹) de l'Elbe, où
« j'espère que s'est retirée une partie des forces enne-
« mies devant la Ire armée.

« Conformément à l'Instruction de Sa Majesté, le
« *Ier corps,* suivi par la réserve de cavalerie, sera *prêt
« à s'avancer* par Miletin et Bürglitz et à vous sou-
« tenir *éventuellement.*

« *Je ne puis disposer de ce côté de la Garde et du
« V[e] corps,* qui doivent rester sur leurs positions,
« d'après l'Instruction royale précitée (!?) et qui sont
« d'ailleurs absolument nécessaires pour soutenir le
« VIe corps, peut-être très exposé (!!).

« BLUMENTHAL. »

Ainsi la première idée du Prince royal (vers minuit et demi) est de faire donner la IIe armée « tout
entière », en exécution de l'ordre du roi, qui suit
de près la demande de Frédéric-Charles. Il y a ensuite réflexion, long conciliabule avec Blumenthal,
revenant de Gitschin très monté contre Moltke, puis

---

1. On verra plus loin que c'est sur la rive droite.

on concède au roi, à Moltke, à Frédéric-Charles que le Ier corps (déjà détaché) marchera ou sera « prêt à marcher » avec une division de cavalerie ! Impossible de faire plus ! On veut absolument, à la IIe armée, une reconnaissance du VIe corps (qui sera du reste « très exposé ») : la Garde et le Ier corps sont dès lors indisponibles ! !

Un moment avant, à Gitschin, Blumenthal protestait contre le maintien de l'armée sur la rive gauche ; maintenant qu'on l'envoie rive droite, il ne veut plus !

Donc, à l'instant le plus pathétique de l'histoire de la Prusse, nous voyons un commandant d'armée refuser de se conformer à un ordre royal, nous assistons à l'indécision, au désordre, à l'anarchie, dans le haut commandement prussien.

En vérité, c'est trop *exagérer* quand on nous propose comme modèle, digne de Napoléon, l'exécution de la *manœuvre* de Sadowa !

Il y a plus : *le Ier corps ne marcha même pas.* L'éminent colonel von Lettow-Vorbeck nous l'apprend en cherchant à étouffer cette note discordante dans ce curieux récit :

« Blumenthal n'avait pas été tenu au courant par
« le prince de l'ordre donné, pendant son absence,
« au VIe corps d'armée d'effectuer le 3 matin non
« une reconnaissance sur la rive gauche, *mais d'at-*
« *taquer par la rive droite la place de Josephstadt.*

« La cavalerie ayant jugé la forteresse faiblement
« occupée, on devait tenter d'amener le gouverneur
« à la rendre, sans combat sérieux, au moyen d'un
« bombardement par les canons rayés. »

Le VIᵉ corps, opérant rive droite et non rive gauche, effectuant *en quelque sorte la démonstration* qui
revenait au Iᵉʳ corps, on oublie sans doute de donner
à celui-ci l'ordre de marcher. Blumenthal va réparer
cette lacune sans le vouloir :

« C'est dans cette ignorance (l'ignorance du mou-
« vement du VIᵉ corps — rive droite) que Blumen-
« thal prescrivit au Iᵉʳ corps de se porter de Bürglitz
« sur Cerekwitz. »

Pourquoi le Iᵉʳ corps ne marcha-t-il pas?

« Le porteur de cet ordre ne le remit pas : il re-
« vint à Kœniginhof, ayant rencontré en route le
« lieutenant-colonel von Finckenstein, qui lui dit
« avoir été chargé d'un pli spécial du roi pour le
« Iᵉʳ corps. »

C'est plus que de la confusion et du désordre :
nous assistons à un fantastique brouillamini!
A 4 heures du matin apparaît enfin le lieutenant-
colonel, moins alerte que Normann; il présente au
Prince royal son expédition de l'Instruction de
11 heures du soir et remet les choses au point, car

à 5 heures est signé l'ordre suivant, avec trois heures de retard, alors que les minutes s'écoulaient tant précieuses une à une dans cette nuit historique :

ORDRE DE LA IIe ARMÉE

3 juillet, 5 heures matin.

« D'après les derniers renseignements, *l'ennemi* « *attaquera* aujourd'hui la Ire armée, qui se trouve à « Horic, Milowitz et Cerekwitz.

« La IIe armée s'avancera à son secours comme il « suit :

« Ier corps : marche sur Bürglitz en deux co- « lonnes.

« Division de cavalerie : *suit le Ier corps jus-* « *que-là.*

« Garde : de Kœniginhof sur Lhota.

« VIe corps : sur Welchow, d'où un détachement « surveillera Josephstadt (la reconnaissance pres- « crite n'aura pas lieu).

« V^e corps : rompre deux heures après le VIe, le « suivre et aller à Choteborek.

« Les troupes se mettront en marche aussitôt que « possible, laissant trains et bagages en arrière. »

Remarquer que *les prévisions sont défensives :* on laisse aux Autrichiens l'initiative de l'attaque.

Les colonnes de la Ire armée vont surprendre l'adversaire dans les positions qu'il n'était pas dans les vues de Benedek de tenir.

L'armée de l'Elbe arrivera aux points fixés à peu près à l'heure voulue.

La IIe armée, qui avait jeté plusieurs ponts sur l'Elbe, aura *15 à 18 kilomètres à parcourir* sur des chemins *détrempés*. Ses corps, prévenus *tardivement*, arriveront sur le champ de bataille *l'après-midi et le soir*, lorsque la Ire armée, menacée d'être écrasée (sans que Benedek ait rien fait pour cela) songeait à la retraite.

Quant à la *cavalerie de la IIe armée*, elle part d'Ober-Praussnitz (!) et marche *à l'allure du Ier corps* (! !).

LXXV

ENGAGEMENT DE LA BATAILLE

(3 juillet, avant 8 heures du matin)

Ire armée

Voici la situation : la Ire armée va occuper l'ennemi *de front,* tandis que celle de l'Elbe en débordera
l'aile *gauche;* pendant ce temps la IIe armée se porte
contre son flanc *droit.*

A la pointe du jour le brouillard s'étend sur la
région, favorisant les approches de la Ire armée, dont
les divisions atteignent les points fixés vers 5^h3o, au
lieu de 2^h3o.

Dès 2 heures du matin, Frédéric-Charles est à
Milowitz, où il fait une longue attente !

A 5^h3o, il apprend que trente-six bataillons de
l'armée de l'Elbe seront à Nechanitz entre 7 et
9 heures.

La Ire armée refoule d'abord les avant-postes autrichiens sur la rive orientale de la Bistritz (¹).

Fallait-il ensuite qu'elle dépassât la rivière ?

Non, dit M. le général *Bonnal :*

« Le moyen le plus efficace pour remplir ce but
« *(démonstratif)* semblait être de repousser les avant-

---

1. Les Autrichiens auraient dû tenir sur ce cours d'eau.

« postes ennemis sur la rive gauche de la Bistritz,
« *de s'établir solidement sur les hauteurs de la rive*
« *droite* (*ouest*), puis de diriger des attaques par-
« tielles sur les diverses parties du front comme si
« l'on avait l'intention de forcer le passage en plu-
« sieurs points.

« Sur les instances du prince Frédéric-Charles,
« le roi autorisa la Ire armée à refouler l'ennemi au
« delà de la Bistritz *et à occuper solidement cette cou-*
« *pure.*

« La mesure était judicieuse, car la rive droite
« (ouest) de la Bistritz devait offrir aux six divisions
« de la Ire armée *une position défensive* des plus favo-
« rables *pour repousser les attaques* de l'ennemi,
« gagner du temps et permettre ainsi aux deux
« armées d'aile d'exécuter leur manœuvre d'enve-
« loppement. »

Oui et non, dit la Relation officielle prussienne :

« La Ire armée *ne devait pas dépasser la Bistritz*
« pour se porter en avant, car son mouvement au
« delà ne pourrait pas s'exécuter sans de grands
« sacrifices et l'exposait à subir un échec avant que
« les armées d'aile fussent assez avancées pour pren-
« dre une part active à l'action.

« *Cependant* il était *indispensable* de donner de
« l'occupation à l'ennemi sur tous les points de son
« front jusqu'à l'arrivée de la IIe armée.

« *Pour cela il fallait passer la Bistritz*, et, comme
« l'avant-garde de la 7e division (¹) avait déjà pris
« pied solidement sur l'autre rive, on en vint à avan-
« cer peu à peu l'aile gauche. »

Oui, a voulu *Frédéric-Charles,* et on ne saurait le
lui reprocher. En somme il y avait des horions à recevoir en passant la Bistritz, mais il était avantageux
de la passer. On a affaire à un ennemi mou, peu agressif, indécis : comment l'occuper sans l'assaillir sur ses
positions ?

*N'y avait-il pas à craindre en outre qu'il se retirât
derrière l'Elbe,* si on ne le fixait pas ? La manœuvre
devenait alors un coup d'épée dans l'eau, la bataille
décisive se trouvait retardée. C'était peut-être en
Moravie, à hauteur d'Austerlitz, que l'on heurterait
une armée autrichienne, remise de ses pertes maté-
rielles et morales, renforcée, ayant à sa tête un autre
chef accompagné par l'Empereur.

Les ordres que Frédéric-Charles lance à 6 heures
se résument ainsi :

« 8e division (à Klenitz) : s'emparer de Sadowa.
« 5e division : suivre le mouvement de la 8e au nord
« de la grand'route.
« 3e et 4e divisions : suivre le mouvement au sud
« de la grand'route.

---

1. Et même toute la division (on a vu qu'elle est à Cerekwitz).

« 6ᵉ division : suivre le mouvement plus au sud
« de la grand'route.

« Corps de cavalerie : couvrir la droite et se relier
« à l'armée de l'Elbe.

« 7ᵉ division (Fransecky) : *déboucher de Cerek-*
« *witz* dès que le combat s'engage vers Sadowa,
« y prendre la part que commandent les circons-
« tances. »

Si risquée que soit cette offensive de la 7ᵉ division, elle va aboutir au combat du *Swiep-Wald* [1],
qui aura de merveilleux effets pour les Prussiens.

Vers 7 heures l'avant-garde de la 8ᵉ division s'engage avec les défenseurs de la Briqueterie [2].

L'avant-garde de la 4ᵉ division occupe à 7ʰ30
Mzan (sud de Dub) malgré le feu de quatre batteries autrichiennes de la hauteur de Dohalicka [3].

La 3ᵉ met à 8 heures la main sur Zawadilka [4].

Les 5ᵉ et 6ᵉ sont en réserve entre Klenitz et Dub.

En entendant le canon du côté de Sadowa, Fransecky marche sur Benatek; son avant-garde se déploie à 7ʰ30 devant le village et l'occupe sans tirer
une cartouche.

---

1. Ce bois fameux est entre Sadowa, Moslowed, Benatek et Cis-
towes (nord de Lipa).
2. Rive droite de la Bistritz, 500 mètres sud de Sadowa.
3. Rive gauche de la Bistritz, 1 800 mètres sud de Sadowa.
4. Sud-ouest de Mzan.

LXXVI

ENGAGEMENT DE LA BATAILLE

(3 juillet, avant 8 heures du matin)

II° armée

L'avant-garde de la 16° division (armée de l'Elbe)
attaque à 7ʰ3o Alt-Nechanitz (rive droite), l'enlève,
puis réussit à franchir la rivière et occupe Nechanitz.

L'ordre de 5 heures du matin met un temps extraordinaire à parvenir aux corps d'armée.

La 1ʳᵉ division de la Garde est à Kœniginhof, auprès du quartier général de l'armée. L'oublie-t-on ou
a-t-on peur qu'elle arrive *trop tôt au secours de la
Iʳᵉ armée en danger*, voulant lui conserver son rôle de
réserve? L'ordre de 5 heures est d'abord envoyé à
Rettendorf (4 kilom.) au quartier général de la Garde.
La 2ᵉ division, qui s'y trouve, est aussitôt alarmée
(7 heures); *l'ordre repart pour Kœniginhof, où la 1ʳᵉ
le reçoit à 7ʰ3o!* Le corps d'armée part à 8 heures
sur une seule route, celle de Kœniginhof à Daubrawitz (¹).

Il aurait pu facilement être mis en route à 5ʰ3o.

---

1. Daubrawitz est à mi-chemin de Milctin, sur le méridien de
Bürglitz et Horenowes.

Le Ve corps débouche à 8 heures de Gradlitz, se dirigeant sur Schurz.

Le commandant du Ier corps (à Ober-Praussnitz) donnait à 9 heures (!) l'ordre de marcher sur Bürglitz. Son avant-garde entendait le canon depuis longtemps, mais n'avait pas cru devoir en rendre compte (!).

La division de cavalerie est *derrière* le Ier corps ! A-t-elle été au moins poussée en toute hâte vers le champ de bataille ? Elle reçoit l'ordre à 8^h15 (!), rompt à 9 heures (!!) et *suit* le Ier corps (!!!).

Au VIe, à Gradlitz, l'ordre de marcher sur Welchow (sur Welchow seulement) arriva à 6 heures.

La 11e division (général von Zastrow), qui devait suivre la 12e, était en train de rompre; elle prit le pont de Schurz et continua *spontanément* de Welchow sur Luzan.

La 12e avait passé l'Elbe à Kukus pour exécuter *la fameuse reconnaissance contre Josephstadt*. L'ordre l'atteignit à Salnei quand elle commençait à recevoir des obus de la place forte. Elle changea de direction, puis trouva l'orientation Roznow plus directe et la prit.

Si nous considérons *la situation à 8 heures,* on voit que le Ier corps et la division de cavalerie sont fort loin, à Ober-Praussnitz, le Ve corps débouche de Gradlitz au nord de l'Elbe, le reste de la IIe armée se trouve sur la rive droite, mais sans instructions jusqu'à 9^h3o, et les divisions vont *se débrouiller,*

marchant au hasard sur de mauvais chemins ; la
12⁰ division tourne encore le dos à la bataille, exécutant une tentative puérile !

A ce moment (8 heures), *le roi* se montre sur
l'éminence de *Dub,* bientôt rejoint par *Moltke.* A la
même heure, salué « joyeusement » par ses troupes,
arrivait Benedek sur les hauteurs de Lipa.

La bataille de Sadowa est engagée.
Nous entrons dans le *domaine de la tactique* et
devons *arrêter ici* cette *Causerie stratégique.*

LXXVII

CONCLUSION

La Prusse allait remporter une grande victoire, mais son triomphe, elle le devait... à Benedek, ses armées ayant marché *au petit bonheur* vers Gitschin et Kœniggrætz.

Leur jonction causa *tant de confusion* qu'il fut *impossible de poursuivre !*

Moltke ne tarda pas à penser qu'il ne fallait pas généraliser le cas de la manœuvre de Sadowa, car, *déjà en novembre 1867,* il solutionnait ainsi l'éventualité d'un déploiement stratégique *sur la Sarre :*

« L'offensive sera dirigée sur l'objectif : *armée*
« *française,* sans doute voisine ; sinon, nous sommes
« sûrs de la rencontrer en prenant la direction
« Nancy—Pont-à-Mousson : c'est la ligne la plus
« menaçante ; nous pouvons l'atteindre en sept
« étapes.
« *La plus étroite concentration est nécessaire pen-*
« *dant le mouvement.* »

Et oubliant la « *Kalamität* » si redoutée en 1866, il donne une route à chaque armée, pour son artil-

lerie surtout, les autres armes utilisant les chemins
parallèles. Le dispositif de trois corps à la queue
leu-leu sur chaque route lui semble une panacée uni-
verselle :

« L'ennemi ne peut marcher en formation plus
« compacte. »

Il ne change pas d'avis cette fois, comme en
1865 : au milieu de *mai 1870*, il expose aux chefs
de section du Grand état-major *l'opération prochaine :*

« Elle consiste simplement à faire quelques étapes
« *le plus concentré possible* sur le sol français jus-
« qu'à ce que nous rencontrions les forces de l'ad-
« versaire. »

Mais, dans l'exécution, il est pris *au dépourvu,* se
battant toujours *malgré lui ;* on le trouve dispersé
quand il ne faut pas ; il livre bataille le 16 août avec
deux corps sur dix ; l'éparpillement est tel que,
le 18, le II⁰ corps arrive à la nuit tombante sur
le champ de bataille ; on a dû renoncer à y appeler
le IV⁰ (¹) !

---

1. Il y a bien d'autres points noirs :
« La bataille de Gravelotte—Saint-Privat offre un exemple *pénible*
de fautes et de négligences. » (Fritz Hœnig.)

La vérité resplendit toujours dans les exemples de l'épopée napoléonienne : les forces ne doivent ni former un bloc ni se trouver lointainement séparées, mais présenter des articulations de manœuvre, il faut que l'intervalle *stratégique* des armées se réduise à temps et sans retard à l'intervalle *tactique*.

Le lendemain de Sadowa, *Bismarck* a compris qu'en cette campagne de Bohême *on l'a échappé belle*. Pensant à l'*inévitabilité* d'une prochaine lutte avec la France, il préfère ne plus tenter la fortune, même contre Benedek ; mieux vaut remettre le glaive au fourreau, *ménager l'Autriche, alliée future,* puis attaquer la France *à l'heure voulue,* en brusquant au besoin les événements...

Dans le conseil de *Nikolsburg*, où il développe ses idées, tout le monde est contre lui ; on ne l'écoute pas. Désolé, las de discuter en vain, il sort brusquement, éclatant nerveusement en sanglots. Cette scène a ému le roi et le conseil ; quand il rentre, Moltke se tait, on ne parle plus que de la paix.

Le 2 août, comme après de grandes manœuvres, le roi passe en revue son armée *près d'Austerlitz,* dans la plaine où, soixante ans auparavant, Napoléon avait glorifié *ses soldats* triomphants. S'adressant *aux généraux,* il s'écrie :

« Hommage à vous, qui avez commandé mes « troupes ! »

tandis que Moltke pense sans doute ce qu'il écrira
plus tard :

« Avec de tels généraux il n'est pas difficile. de
« faire de bonne stratégie. »

Un an après (août 1867), l'*État-major autrichien,*
publiant sa *Relation de la campagne de Bohême,* pose
cette question :

« L'Histoire nous dira si *le peuple allemand* est
« disposé à *se courber* sous le poids de la lourde et
« rude centralisation qui l'attend. »

L'Histoire avait déjà répondu quand, au bruit du
canon, s'évanouirent en fumée les espoirs chiméri-
ques d'un empereur éteint, follement aveuglé, qui
avait cru à l'oubli d'Iéna et comptait encore sur la
soif de revanche de l'Allemagne du Sud et de l'Autriche au souvenir inoubliable de Langensalza et
Sadowa.

TABLE DES MATIÈRES

SEPTIÈME PARTIE

LE 30 JUIN

HUITIÈME PARTIE

LE 1er JUILLET

NEUVIÈME PARTIE

PRÉLIMINAIRES DE LA BATAILLE

Nancy, impr. Berger-Levrault et Cie

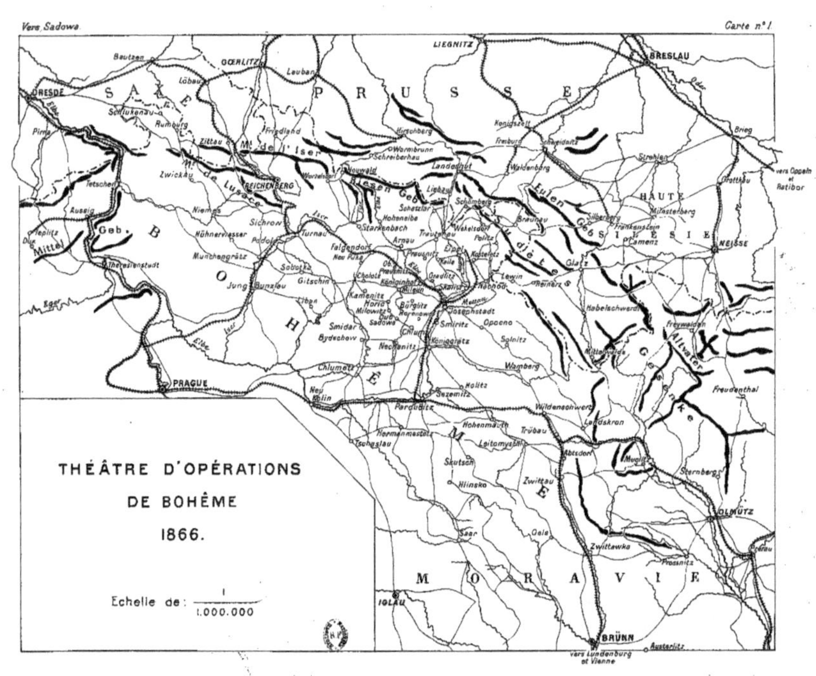

Vers Sadowa
Carte n° 1
LIEGNITZ
BRESLAU
GŒRLITZ
Bautzen
Lauban
Löbau
DRESDE
SAXE
PRUSSE
Pirna
Schlukenau
Rumburg
Friedland
Königszelt
Freiburg
Schweidnitz
Brieg
Zittau
M. de l'Iser
Hirschberg
Warmbrunn
Strehlen
Schreiberhau
Landeshut
Waldenberg
vers Oppeln et Ratibor
Zwickau
M. de Lusace
REICHENBERG
Riesen Geb.
Liebau
Eulen Geb.
HAUTE
Grottkau
Tetschen
Aussig
Geb.
Niemes
Sichrow
Schatzlar
Schömberg
Braunau
Silberberg
Frankenstein
Münsterberg
Aussig
BOHÊME
Hühnerwasser
Starkenbach
Hohenelbe
Wekelsdorf
Politz
Glatz
Münchengrätz
Podol
Turnau
Falgendorf
Neu Paka
Arnau
Trautenau
Preugnitz
Eipel
Königinhof
Oredlitz
Lewin
Reinerz
Kamenitz
Habelschwerd
NEISSE
Theresienstadt
Teplitz
Mittel.
Dux
Eger
Elbe
Iser
Jung Bunzlau
Gitschin
Sobutka
Chlotek
Milein
Skalitz
Nachod
Mettau
Josephstadt
Opocno
Sobutka
Smidar
Bydschow
Horsitz
Milowitz
Duby
Sadowa
Burglütz
Smiritz
Solnitz
Freiwaldau
Nechanitz
Königgrätz
Wamberg
Mittelwalde
O.
Freudenthal
PRAGUE
Neu Kolin
Pardubitz
Chlumetz
Susemitz
Holitz
Wildenschwerd
Landskran
Sternberg
Hermannstädt
Hohenmauth
Trübau
Abtsdorf
Müglitz
Tschaslau
Leitomyschl
M
Skutsch
OLMÜTZ
Prerau
THÉÂTRE D'OPÉRATIONS
Hlinsko
Zwittau
E
DE BOHÊME
Saar
Gele
Zwittawka
Prossnitz
1866.
R
A
V
I
E
Echelle de : 1 / 1.000.000
M
O
IGLAU
BRÜNN
Austerlitz
vers Lundenburg et Vienne

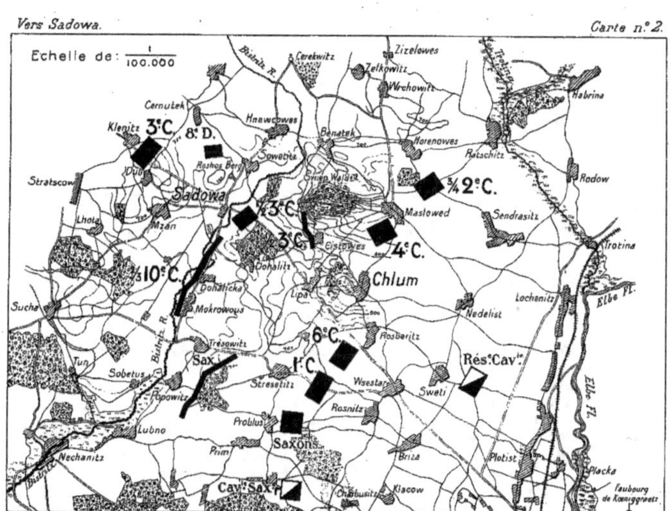

BATAILLE DE SADOWA (Position autrichienne)

www.ingramcontent.com/pod-product-compliance
Lightning Source LLC
LaVergne TN
LVHW020625060726
842526LV00003B/880